課題達成
研修マニュアル

綾野克俊 監修

QCサークル神奈川地区課題達成活動研究会 編

日科技連

推薦のことば

　インターネットを中心とした情報通信技術のめざましい発展，グローバリゼーションならびに規制緩和の急速な進行の中で，多くの第一線職場では，改革に向けて，諸々の活動が展開されています．これらの中には，現行のプロセス，製品，サービス，あるいはシステムに発生している問題に対する「問題解決」活動とともに，「課題達成」と呼ばれる．

(1) 厳しい企業環境で生き残っていくために，現行より著しく高い水準にレベルアップする
(2) 全く新たなプロセス，製品，サービスまたはシステムを創造する，あるいは導入することにともない，新たなる仕事のやり方を確立する

などの活動があります．このような課題達成は，激変する企業環境の中で，その重要性が年々高まってきています．

　課題達成を実践する際には，標準化した手順として「課題達成型QCストーリー」が役に立ちます．この教科書として『QCサークルのための課題達成型QCストーリー（改訂第3版）』（狩野紀昭監修，新田　充編）があり，実践のためのマニュアルとして『課題達成実践マニュアル』（綾野克俊監修，QCサークル神奈川地区課題達成活動研究会編）があります．さらに事例集，手法の本も出版されています．

　どんな技法も本当に身につけるためには，講義を聴き，教科書を読み，理解する（多くの場合，理解したつもり）ことに加えて，実際にやってみる必要があります．しかし，実践する前に十分に理解を深め，スキルを身につけたいという要望があります．この要望に応えて，研修・演習に役立つ「実践的な研修ワークブック」を意図して，本書が刊行されました．

　本書は，2つの部から構成され，第I部では「課題達成」の基礎知識が要領よく整理されています．第II部が中核となる部分で，紙飛行機の作成を題材として手順が自然と修得できるように工夫されています．特に，「楽しく学ぶ」ことに留意している点も好感が持てます．また，社内研修の企画者・講師のために，研修会のためのマニュアル類が別冊として添付されています．社内研修の演習用テキストとして，個人で学ぶ人の演習書としても役立つでしょう．

　特筆すべきことは，QCサークル神奈川地区課題達成活動研究会では，課題達成の本質的なコンセプトは同じでありながら，これまで若干異なるステップ名称を使っていましたが，読者の無用な戸惑いをなくし，「課題達成」のより広い普及と発展という高い次元での配慮から，本書では前記『QCサークルのための課題達成型QCストーリー（改訂第3版）』と同じステップ名称を採用されました．関係者の英断に深く敬意と感謝を表します．

　QCサークル神奈川地区は，「課題達成」の研究と普及にたいへん熱心で，その適用事例の発表数や研修会参加者数も群を抜いて多い地区として知られています．本書は，このような成果を産み出した地区研修会のノウハウを余すところなく伝えており，関心のある方々にとって必携の書といえるでしょう．多くの方々が，本書で学習されることをお奨めします．

2000年3月3日

QCサークル本部幹事・関東支部世話人
東京理科大学　教授　狩　野　紀　昭

刊行にあたって

　QCサークル関東支部神奈川地区では創立25周年記念事業の一環として，『課題達成実践マニュアル』を1997年に発刊いたしました．

　神奈川地区会員事業所の皆様方を始め，全国の多くの方々にご活用いただき，たくさんの激励のお言葉を頂戴いたしましたが，活動発表会・研修会を通して，課題達成活動の普及・定着のためのさらなる教材の必要性を感じてまいりました．

　そこで，千年紀という区切りのよい本年，QCサークル神奈川地区の課題達成活動研究会のメンバーを中心に，課題達成活動をより効果的にマスターするための研修教材として本書『課題達成研修マニュアル』を発刊することになりました．

　現在，私たちがおかれている環境は一大転換期にあると考えられます．すなわち，従来の古い制度，手続き，慣行，常識などに対して，創造的破壊を行うことにより，企業も私たちも変革していく必要性があると思います．

　このような中で，積極的に課題を掘り起こして解決していく課題達成活動の重要性がますます注目されてきております．何かを参考にして物事を行おうとしても，一つの切り口からではなかなか理解しきれません．本書を研修という切り口からご利用していただくことにより，課題達成活動のご理解をよりスピーディーに深めていただけることと思います．

　本書は，個人から小集団，管理・監督者層にいたるまで幅広い方々にご利用いただけるよう配慮されており，課題達成活動のPDCAをより円滑に回していただく強力なツールとなることを確信いたしております．

　既刊の『課題達成実践マニュアル』と本書で課題達成の基本を理解したうえで課題達成活動を推進し，発表会などでの優秀事例を参考にしていただくことにより，一層の活動成果が得られると存じます．そして，『課題達成実践マニュアル』と本書を座右の書としてご活用いただければ，刊行に関わりました関係者のこのうえのない喜びでございます．また，読者の皆様方には，本書に対するご意見，ご感想をお寄せいただければ，幸甚に存じます．

　発刊まで，大変なご苦労とご努力をいただいた課題達成活動研究会のメンバーの皆様，監修者としてご助言をいただきました東海大学・綾野克俊教授（QCサークル関東支部神奈川地区世話人），さらに全般にわたりご示唆いただきました東京理科大学・狩野紀昭教授（QCサークル関東支部世話人），出版に際してお世話になりました日科技連出版社の皆様に心よりお礼申し上げます．

2000年3月

QCサークル関東支部神奈川地区地区長
コニカ株式会社　小田原事業場次長　　江　原　英　儔

■ 序

　QCサークル関東支部神奈川地区の設立25周年記念事業の一環として，1997年，『課題達成実践マニュアル』を発刊した．本書『課題達成研修マニュアル』は，その続編である．

　小生は，QCサークル神奈川地区の世話人を仰せつかっていることから，『課題達成実践マニュアル』に引き続き，監修という大役を引き受けたが，本書の内容はすべてQCサークル神奈川地区課題達成活動研究会の活動成果である．

　日本が戦後の荒廃から現在の世界第2位の経済大国としての経済的繁栄を享受するような国になった理由の一つとして，顧客の満足を中心とした仕事の質の管理・改善を中核として，QCサークルのような小集団活動により継続的改善を行う全員参加型の経営管理を導入したことにあることは世界中に知られている．

　その継続的な改善活動に有効に働いたのが，「QCストーリー」と呼ばれる問題解決手順である．もともとは改善成果を発表するストーリーの手順として考案されたものであるが，その手順に沿って進めていけば確実に問題解決を図ることができることから，QCストーリー的問題解決手順として知られるようになった．

　しかしながら1980年代の終わりにかけて，これまでの問題解決のやり方だけではアプローチが困難な問題があるという認識から，「課題達成」のアプローチに取り組む企業が増えてきたため，1990年代に入って，QCサークル関東支部京浜地区を中心として，「課題達成型QCストーリー」という課題達成の手順が提案された．神奈川地区においても，ほぼ同時期から課題達成のアプローチを研究し，導入する企業が出てきた．

　QCサークル神奈川地区では，独自の活動に加えて「課題達成型QCストーリー」に関する既出版物を参考にしながら研究を進めてきたが，神奈川地区での導入企業の増加にともなって，実践的立場からの解説書が欲しいという要望が増えてきた．そこで神奈川地区は，課題達成活動の発表事例が多いこともあり，これまでの地区での発表大会や研修会での成果を踏まえて，既刊図書とは別の角度からの解説書『課題達成実践マニュアル』を神奈川地区創立25周年事業の一環として発刊することになったわけである．

　『課題達成実践マニュアル』は1997年の発刊後，各方面からわかりやすい実践的な図書であるという評価をいただき，国内でも多くの支部，地区，企業で課題達成の中心的参考書として採用していただいている．また，1998年には台湾の品質活動の推進団体である中衛發展中心により中国語に翻訳され出版された．

　しかし，『課題達成実践マニュアル』が神奈川地区以外に広まるに従い，指導・教育のためのマニュアルに関する要望が多く聞かれるようになった．また，小生がそれまでの海外との関係から，台湾を始めとして海外で課題達成についての研修・セミナーのお手伝いをする中，海外の団体・企業からも教育・研修のマニュアルを強く要望された．

本『課題達成研修マニュアル』は，それらの要望に応えるものである．そのベースとなったのは，神奈川地区で毎年行っている，課題達成研修会である．その課題達成研修会のノウハウに手を加えて，初めての企業でも企業内研修に使えるようなマニュアルとして編集したものである．

　本書は，基本的には個人で使用することを想定した価格と紙面構成になるよう心がけた．本冊と別冊に分け，本冊が課題達成の研修のテキスト兼ワークブックであり，別冊が研修の主催者用のマニュアルである．

　本書は『課題達成実践マニュアル』と併用することを想定しており，本書では『課題達成実践マニュアル』に詳しく述べている課題達成の基礎と手順の骨子をまとめている．ワークブックとしては，具体的な実施手順ごとに，データの取り方やまとめ方を具体的に示し，個人での学習も可能な研修手順書として工夫した．

　別冊では，神奈川地区での課題達成研修会の運営のノウハウをもとに，課題達成研修会の企画から具体的な研修会の運営までの手順と，指導者用のマニュアルとして，主任講師とGD講師別に，課題達成の研修を行ううえでの役割と心構え，ポイントをまとめている．

　課題達成の手順は，1999年にQCサークル京浜地区の『QCサークルのための課題達成型QCストーリー（改訂第3版）』が発刊されたのを機に，課題達成アプローチの手順の標準化を図る意味で同書と合わせることにした．しかしながら，このことは課題達成の画一化を意図したものではなく，実際に，具体的な実施手順は神奈川地区独自のものである．本書で研修を受ける方も，研修会を運営する方も，ぜひ自分たちの独創性を発揮し，うまく行った実践の中から新たな手順，進め方をフィードバックしていただき，課題達成の進め方のノウハウの蓄積に貢献していただくことを期待している．

　QCサークル活動に経営への直接的な寄与が期待される中，本書がQCサークル活動の中での課題達成力の向上につながり，QCサークル活動を導入されている企業の業績改善に寄与し，その結果として各支部，地区のQCサークル活動が活性化し，ひいては海外でのQCサークル活動の拡大・普及に役立つことを信じている．

　『課題達成実践マニュアル』は，QCサークル神奈川地区の25周年記念事業として企画されたが，その中でも述べたように，その出版を機に神奈川地区研究会活動が活性化され，本『課題達成研修マニュアル』の出版につながったことは，QCサークル関東支部神奈川地区の世話人として喜びに耐えない．この神奈川地区の企画が他のQCサークル支部・地区の同様な企画を誘発し，同様に支部・地区，さらには海外のQCサークル活動の活性化に寄与できることを祈念している．

2000年3月吉日

QCサークル関東支部　神奈川地区世話人
東海大学　政治経済学部経営学科　教授　綾　野　克　俊

まえがき

　QC サークル神奈川地区課題達成活動研究会では，一昨年 12 月に『課題達成実践マニュアル』を日科技連出版社から刊行しました．QC サークル神奈川地区では，この図書内容をもとにした講演会，研修会，発表会，グループディスカッション，パネルディスカッションなどを実施し，課題達成をすでに実践したり推進している人たちや，これから導入しようとする人たちへの普及・拡大を図るとともに，直接ご意見をいただく機会を数多く持つことができました．これらを通じて，私たちの提唱した内容に対し，幸いにも多くの読者に理解され，支持され，さらには激励もいただきました．

　その一方で，いくつかの要望もありました．それらの中でもっとも多かったのは，課題達成の普及・定着に関するものです．「教科書は入手したが，先生がいなくて困っている」という声に代表されるように，既刊図書の勉強によって課題達成とは何かという概要は理解できたが，それを自社内へ導入し，効果的に展開していく際の手ごろなマニュアルがなく，どのように指導・教育すればよいのかがわからず悩んでいるということです．

　課題達成の普及にともない，発表件数も年を追って増加し，全国的に拡大してきましたが，発表内容を見ると課題達成に対する理解不足や誤解による誤った適用が少なくありません．この背景として，導入企業における指導・教育が十分ではないこと，また指導のための適切なマニュアルが整備されていないことが考えられます．

　そこで当研究会では，『課題達成実践マニュアル』に続く第 2 弾として，『課題達成研修マニュアル』を刊行し，企業において課題達成を実践する第一線職場の人たち，および課題達成の教育企画担当や指導講師用に研修教材を提供すべきではないかと判断しました．QC サークル神奈川地区では，日産自動車㈱生産技術本部における紙飛行機を活用した研修会をベースに，課題達成研修会を毎年開催してきましたが，本書はその経験を踏まえ，そのノウハウをもとにしてさらに手を加え，企業内研修で有効活用できることをねらったものです．

　本書の読者として，上述のように課題達成を実践する第一線職場の QC サークルなど小集団活動リーダーやメンバー，企業内教育企画担当者や課題達成研修会の講師を予定される人たち，および課題達成を指導する上司（管理・監督者）を主対象と想定しています．

　本書は，本冊と別冊の参考資料より構成されています．

　本冊では，課題達成とは何か，どのように進めるのかという理論編（課題達成の基礎や手順）を第Ⅰ部で解説した後，第Ⅱ部において紙飛行機を活用した研修ゲーム形式の課題を提起し，この課題を解くことにより，課題達成を具体的な形で体験学習できるようにしました．課題達成を理解するやり方としては，個人学習など自ら率先して行う自発的な学習方法と，研修会など系統的な指導による学習方法とがあります．本冊での体験学習は自発的学習のための教

材を提供するものであり，それ自体で独立していますが，同時に研修会の教材の一部にもなっています．したがって，研修会を受講する際の予習教材としても活用できるように配慮しました．

　一方，別冊の参考資料は，研修会を開催する場合のやり方をまとめたものです．すなわち，課題達成研修会の企画・運営のやり方，研修会での主任講師・GD 講師の指導要領などをその内容としており，研修会主催者の実施マニュアルとして活用できるように編集してあります．

　したがって，課題達成を実践する小集団活動リーダーやメンバーは主として本冊を，企業内教育担当者・講師・上司などは本冊と別冊の両方をあわせてお読みになることをお勧めします．

　なお，当研究会では 2 年余前の『課題達成実践マニュアル』刊行後も研究を続け，本書にはその研究成果を織り込みました．特にステップ名については『QC サークルのための課題達成型 QC ストーリー（改訂第 3 版）』と統合しました．これまで課題達成の手順として 2 つの方式がありましたが，その一本化を図ったものです．ただし，このことは本書の姉妹書『課題達成実践マニュアル』における手順全体の考え方や流れを変えるものではなく，読者の混乱を避けることを第一に考え変更することにしたものです．細部の実施手順は従来のものを見直し整理したうえで，より一層わかりやすくなるよう解説を加えました．

　本書の刊行にあたって，監修者としてご助言をいただいた東海大学綾野克俊教授（QC サークル関東支部神奈川地区世話人），さらには全般にわたってご示唆いただいた東京理科大学狩野紀昭教授（関東支部世話人）に対し，深く感謝いたします．また，課題達成の実践事例を快く提供していただいた日産自動車㈱のパフォーマンスサークルのみなさまに厚く感謝いたします．

　最後に，本書を出版するにあたり，終始お世話になった日科技連出版社の清水彦康部長，戸羽節文係長に厚くお礼申し上げます．

　2000 年 3 月吉日

QC サークル神奈川地区課題達成活動研究会
執筆者代表　近　藤　外　志　男

＜課題達成活動研究会メンバー＞

【執筆者】
- 伊澤　彰夫　［元㈱資生堂］
- 及川　良治　［ユニプレス㈱］
- 片倉　紀夫　［元日産自動車㈱］
- 近藤外志男　［EMS 研究所］
- 藤田　　宰　［日本アイ・ビー・エム㈱］
- 山上　隆男　［日産自動車㈱］

【事務局】
- 鈴木　将之　［日本電気無線電子㈱］
- 飯田　勝彦　［日本電気無線電子㈱］

本書の読み方・使い方

■ 対象の読者と構成

本書は与えられた課題（テーマ）を研修ゲーム方式で取り組み，手順に沿ってワークシートに記入していくと自然に手順を修得できる，実践的な体験学習を取り込んだ研修テキストです．読者としては，次の人たちを対象にしています．

① 課題達成を個人的に勉強したい人．
② 課題達成を QC サークルなど小集団・グループで勉強したい人．
③ 課題達成を効果的・効率的に教えたいと考える企業内教育企画担当者・講師・上司．

本書の構成は次の通りです．別冊は，特に研修会を企画・運営する方のためのマニュアルになっています．

[本冊] 第Ⅰ部　課題達成の基礎解説
　　　　●課題達成の手順
　　　　●実践事例
　　　第Ⅱ部　研修ゲームを使った体験学習
[別冊] 研修会の企画・運営
　　　　●主任講師向けの研修マニュアル
　　　　●GD 講師向けの研修マニュアル

■ 読み方・使い方

【個人・グループで勉強する】

本書は，QC サークルに限らず，広く課題達成を学びたい人のために編集しましたが，改善活動を支援する推進者にも活用できるようになっています．仕事の分野も製造，技術部門から，事務・販売・サービスなどの間接部門まで，あらゆる部門の人に活用していただけます．

（1）本書の読み方
① 第Ⅰ部の第1章から第2章まで，順番に読み進めることで課題達成というものがよく理解できる．
② 特に，第1章は「課題達成の基礎」を，第2章は「課題達成の手順」を簡潔に解説しているので，必ず読んでいただきたい．
③ 第2章には代表的な適用事例を掲載したので，課題達成の大きな流れがつかめる．自分の仕事に合った事例をご覧になりたい方は，別の事例集や各種大会の要旨集，『QC サークル』誌の掲載事例などから選んで読むとよい．
④ 第Ⅱ部は本書の核になる部分であり，読者は手順に沿って指示事項を読みながら研修ゲームを進めることで，テーマが解決できる．指示事項やワークシートの記載内容が理解で

きないときは，第1章や第2章に戻って読み直すとよい．
（2）本書の使い方
① 課題達成を個人的に，あるいはグループとして実践的に勉強したいときに，体験学習の研修テキストとして使う．
② 課題達成の基本を学びたいときのマニュアルとして使う．
③ 小集団活動メンバーや部下に課題達成を教育したいときに，補助教材として使う．

以上のことは，本冊だけで勉強できるようになっています．

【課題達成研修会を企画・実行する】

どんな仕事，部門の人であっても活用できる，課題達成研修会に関する進め方やノウハウが本書から得られます．立場としては，企業内教育企画担当者・講師・上司のいずれの場合でも役に立つように編集してあります．

（1）本書の読み方
① 第Ⅰ部（第1章，第2章）を読んで，教育すべきポイントを把握する．
② 別冊の第1章を読んで，研修会の企画・運営の全体を把握し，自社・自職場に合った研修会を企画する．
③ 第Ⅱ部をよく読み，研修ゲームの内容と進め方を理解する．
④ 主任講師は，別冊の第2章でやるべきことや注意点を理解する．
⑤ GD（グループデスカッション）講師は，別冊の第3章で指導方法や留意点を理解する．

（2）本書の使い方
① 課題達成研修会主催者用参考書として，体験学習方式の研修会の企画・運営に活用する．
② 別冊の講師用マニュアルは，課題達成研修会講師の参考書となる．講義資料として，本冊の「課題達成の基礎」と「課題達成の手順」を活用する．
③ 課題達成研修会の受講者用テキストとして活用する．本書は記入方式を取っているので，1人に1冊ずつ配布する．
④ 講義や指導のより詳しいテキストとして，既刊書『課題達成実践マニュアル』を活用する．

以上，本書をより有効に効果的に活用していただくためのポイントや留意点を述べました．上記以外にも，いろいろな場面で活用していただき，課題達成が正しく職場に普及することを願っています．さらには，幅広い取り組みによって大きな成果を生み出し，職場の改善活動の活性化に役立てていただけることを期待しています．

目次

推薦のことば　*iii*
刊行にあたって　*iv*
序　*v*
まえがき　*vii*
本書の読み方・使い方　*ix*

第Ⅰ部　課題達成の基礎知識 ……………………………………………… 1

第1章　課題達成の基礎を知る ………………………………………… 3
　1.1　課題達成の必要性と背景　*4*
　1.2　問題と改善アプローチ法の種類　*6*
　1.3　課題達成の適用領域と適用分野　*9*
　1.4　課題達成の特徴と留意点　*13*

第2章　課題達成の手順を理解する …………………………………… 17
　2.1　課題達成の手順　*18*
　2.2　課題達成適用事例　*37*

第Ⅱ部　GDによる研修ゲーム ……………………………………………… 47

　研修ゲームを始めるにあたって　*49*
　研修ゲームの進め方　*51*

GDによる研修ゲーム ……………………………………………………… 53
　■はじめに　*54*
　■ステップ1：テーマの選定　*58*
　■ステップ2：攻め所と目標の設定　*62*
　■ステップ3：方策の立案　*72*
　■ステップ4：成功シナリオの追究　*76*
　■ステップ5：成功シナリオの実施　*80*
　■ステップ6：効果の確認　*84*
　■ステップ7：標準化と管理の定着　*86*
　■ステップ8：反省と今後の対応　*88*
　■GDのまとめと発表　*90*

引用・参考文献　　92
索引　　93

【別冊】「課題達成研修会」企画・運営者のマニュアル

第1章　課題達成研修会の企画・運営　　2
第2章　主任講師マニュアル　　16
第3章　GD講師マニュアル　　28
参考資料　課題達成研修会講師選任基準　　33

第Ⅰ部 課題達成の基礎知識

第1章 課題達成の基礎を知る

第1章では，課題達成の基礎として，
① 課題達成が必要とされる理由と課題達成誕生の背景
② 問題解決と課題達成の違い
③ 課題達成の適用領域と適用分野
④ 課題達成の特徴と留意点
についての理解を深めることをねらいとしています．課題達成を知るうえでの基本となるので，十分に理解してください．

より詳しい内容を知りたいときは，『課題達成実践マニュアル』（綾野克俊監修・QCサークル神奈川地区課題達成活動研究会編，日科技連出版社）の第1章を参照してください．

1.1 課題達成の必要性と背景

(1) 課題達成の必要性

　今，課題達成が多くの企業から注目されています．その理由を一言でいえば，企業を取り巻く環境が激変してきていることにあるといってよいでしょう．

　戦後，景気は長期トレンドとして右肩上がりの経済が継続してきたため，私たちは右肩上がりで成長するのが当り前と思う錯覚に陥っていました．護送船団方式で落伍者を出さず，欧米先進国という格好のお手本を追いかけ，これをキャッチアップすることに多くのエネルギーを割いてきました．その結果，製造など戦術的にはっきりした課題に対しては一定の成果をあげることができましたが，金融など戦略的な分野では大きな後れをとってしまいました．

　バブルが崩壊し，ビッグバン（金融大改革）が進むにつれて，企業環境が激変してきました．規制緩和が行われ，グローバルスタンダードで評価され，自己責任をまっとうすることが要求されるようになってきたのです．戦術的課題のみならず戦略的課題が重視され，この解決が企業の存亡に大きくかかわるようになってきました（**図1.1**）．

　経営環境が安定しているときは，過去に起こったことのある問題に類似のものが多く，解決方法もすでに経験のあるものの中から選べばすむことが多かったのですが，今日のように環境変化の激しい時代には，今までに経験したこともない新しい状況が起きています．問題が発生してからでは遅いので，まだ目に見えない，気がつきにくい問題を掘り起こし，それに対して

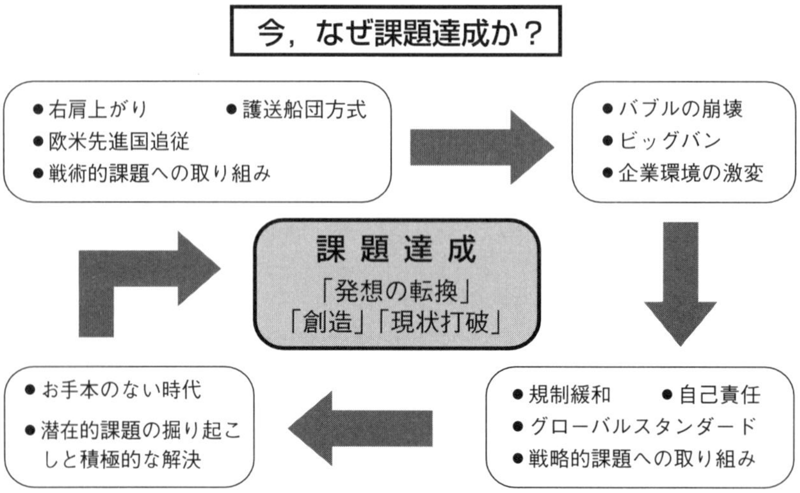

図1.1　課題達成の必要性

積極的に対処する能力が強く求められるようになってきたのです．

　企業や職場の目に見える問題は，目先の問題として，すぐに対応する必要があることはいうまでもありませんが，従来は目先の問題解決に多くのエネルギーを費やし，目に見えない問題の解決がおろそかにされてきたきらいがあります．まだ明らかになっていない問題を見つけ出し，いち早く解決することが，現在の"お手本のない時代"では特に重要視されます．解決にあたって，「発想転換」，「創造」，「現状打破」など，従来あまり取り組まれなかった視点がキーポイントとなります．

　課題達成は，この新しい状況に対応できるツールであることから，今，課題達成に関心が集まり，課題達成が求められているのです．

(2) 課題達成誕生の背景

　それでは，課題達成はどんな背景から生まれてきたのか考えてみましょう．

　企業環境が激変していくとき，まだ目に見えない，気がつきにくい問題を迅速に見つけ出し，それにいち早く対処するやり方が模索される中で具体的な形で登場したのが課題達成ですが，それは次の2つの方向から検討されました（図1.2）．

　1つはJHS（事務・販売・サービス）部門で検討されました．JHS部門は定量的なデータが少なく，従来の問題解決が適用しにくいとされてきたため，これに代わる効果的な改善手法がないかと検討され，課題達成が考え出されました．もう1つは，技術部門の一部で従来から活用されてきた課題達成的な考え方を体系化すれば，技術部門の多くの改善に効果的であると考えられたのです．両者とも共通のやり方で体系化できることがわかり，課題達成という形にまとめられました．

　課題達成は，JHS部門や技術部門にとどまらず，いろいろな場で活用されるようになってきました．

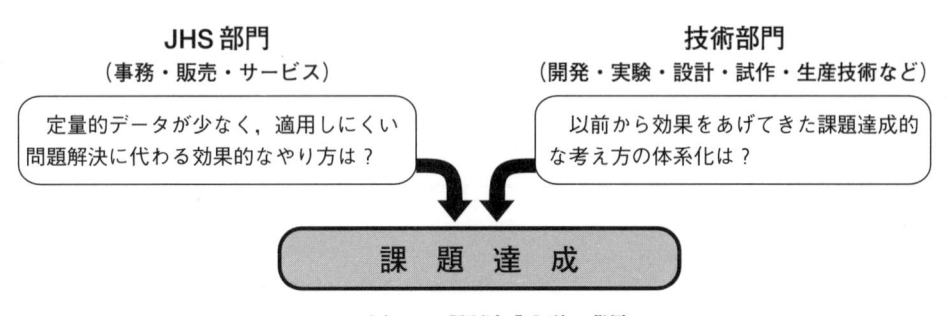

図1.2　課題達成登場の背景

1.2 問題と改善アプローチ法の種類

以上の説明からもおわかりでしょうが，改善のやり方には2つのアプローチがあります．最近，注目を集めるようになったのが「課題達成」です．ほかに"課題解決"，"課題設定"，"課題形成"という呼び方もありますが，「課題達成」が定着しつつあります．

これに対して，従来から展開されてきたものを「問題解決」と称して区別しています．ほかに"問題発見"，"原因追究"，"原因分析"という呼び方もありますが，「問題解決」が広く用いられています（図1.3）．

課題達成と問題解決には，それぞれ2つの要素に違いがあります．1つは「課題」と「問題」で，これは問題の種類あるいはテーマとして取り上げる対象の違いといえます．もう1つは「達成」と「解決」で，これはテーマ解決（達成）するときのやり方，つまりアプローチの違いを指しています．

この2つの違いがわかれば課題達成をさらによく理解できるので，ここでは，その違いを説明することにします．

まず，問題の種類から考えてみましょう．

問題は人によっていろいろな分類の方法がありますが，ここでは佐藤允一氏（『図解問題解決入門』，p.81，ダイヤモンド社）の分類法に従い，3種類に分けて説明します．

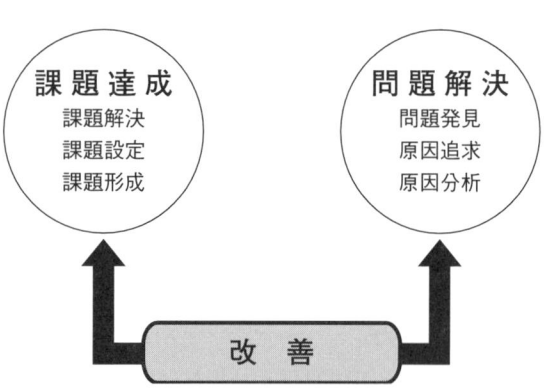

図1.3 改善の2つのアプローチ

(1) 問題の種類

① 発生型問題

これはすでに不具合なことが起きてしまった，目に見える問題のことです．例えば，設備の誤操作で不良が発生したとか，伝票記入ミスで余分に発注してしまった，とかいうものです．

日常の職場のことを思い浮かべてください．仕事をやっていくときは，あらかじめ定められた基準や規則などがあるのが普通です．これからずれてしまうと具合の悪いことになりますが，このずれた問題を逸脱問題といいます．もう1つ未達問題というものがあります．どこの職場でも仕事を進めるときは目標があります．上司方針とか，課の目標などといわれるものです．その目標が達成されなかったとなると，これも問題となります．つまり，発生型問題には逸脱

問題と未達問題の2つがあるのです.

ここで逸脱問題は簡単に理解できると思いますが,未達問題はちょっと引っかかるかもしれません.なぜかというと,細かな仕事の1つひとつすべてに目標が定められていないのが普通だからです.しかし,上司や仕事のグループとして目標を決めていないからといって,目標がないということではありません.社内や事業所内で,あるいは職場内で,目標という形にはなっていなくても期待されているレベルはあるはずです.個人が自分でねらっているレベルもあるかもしれません.これらも広く目標だととらえれば,個々の仕事すべてに目標があるとみなしていいでしょう.このように考えれば,未達問題を理解していただけると思います.この点は後でまた触れることにします.

② 探索型問題

これは現在特に不具合なことが起きておらず,まあまあうまくいっているが,もっとレベルアップしたいと意図的に作る問題のことです.他社製品と差別化したい,大幅な原価低減を図りたいなどがこのタイプに該当します.

この型の問題も2種類に分けられます.1つは,現状を見直し,改善可能な個所を見つけ出し,今よりもいっそう効率をあげようと改善する改善問題です.もう1つは強化問題で,現在の組織体質をもっと強化できないか,情報システムをもっと充実できないか,商品の魅力をもっと高めてお客様の満足度を向上できないかなど,現状の強化を図ろうというものです.

③ 設定型問題

これは将来起こるかもしれない不具合や損失を先取りして,今のうちに検討しようという問題のことです.例えば,新しい管理方式を導入する,法律改正にともなう厳しい規制値にあらかじめ対処するなどが考えられます.

この型の問題は過去を引きずっていないもので,新しい業務の開発にともなって生じる開発問題と,将来のさまざまな危険を予測してあらかじめ準備しておく回避問題に分けられます.

以上,①の発生型問題は過去の原因を追究するタイプで原因志向型といってよいのに対し,②探索型問題は過去からやってきたことを見直すタイプです.一方,③設定型問題はこれまでやってきたこととは関係なく設定されるので目標志向型といえます.つまり,3つの問題はそ

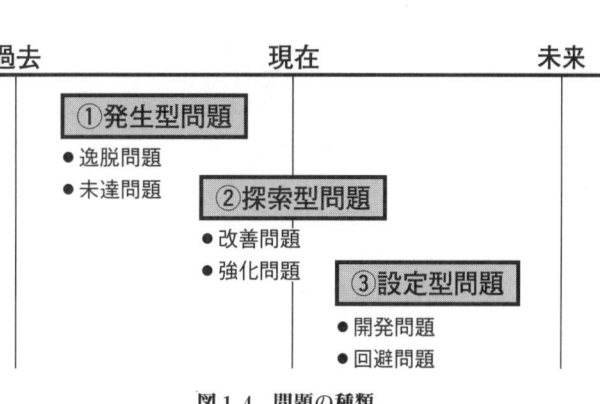

図1.4 問題の種類

れぞれ過去，現在，未来にポイントがあるといっていいでしょう（**図 1.4**）．

(2) 問題と課題

　3 種類の問題のポイントは＜不具合＞の有無です．そこで，不具合とは何かを整理しておきます．次の 3 つのいずれかに該当すれば不具合だと考えます．
　①　ものごとの状態や調子のよくないことが見えること．
　②　基準・規則からの逸脱や目標の未達が起きていること．
　③　期待水準にないと自覚したり指摘されたりすること．
　3 種類の問題を不具合が起きているかどうかの観点から分類すると，①発生型問題は不具合が発生しているのに対し，②探索型問題および③設定型問題は不具合が起きていません．不具合が発生しているほうをあらためて「問題」（狭義），不具合が起きていないほうを「課題」と名づけることにします．問題という用語は，日常生活で幅広く使われていますが，ここで問題というのは上記に説明した内容を指すことにし，一般の問題と区別するため「　」をつけて「問題」と表現することにします．

(3) 改善アプローチの種類

　次に，改善アプローチの種類について考えてみます．
　一般に物事（問題）を解決していくやり方として，分析的アプローチと設計的アプローチの 2 つがあるというのが通説となっています．分析的アプローチは，現状の分析を中心に悪さの原因を除去することに主眼を置いています．これに対して設計的アプローチは，まず目的を明確にし，この達成に最適の手段を追究することにねらいを置いています（**表 1.1**）．

表 1.1　アプローチの種類

型　名	設計的アプローチ	分析的アプローチ
内　容	目的をとらえ，それにかなう手段を幅広く考え，目的にもっとも適合するものを選ぶ	現状のやり方を把握し，それを分析し，悪さの原因を取り除き，目的に適合させる
類似の呼び方	●理想追究型　●現状打破型 ●対策重視型　●予測対応型 ●新規業務型	●原因究明型　●現状維持型 ●解析重視型　●再発防止型 ●繰返し業務型

1.3 課題達成の適用領域と適用分野

(1) 適用領域

問題，課題およびアプローチ法の種類の組み合せは2組あります．〈「問題」と「分析的アプローチ」〉と〈「課題」と「設計的アプローチ」〉の2通りです．

前者は，すでに不具合が発生している「問題」を取り上げ，その現状を調べ，悪さの原因を分析し，その原因を取り除く（対策する）ことで問題を解決しようというもので，これを**問題解決**と呼びます．問題解決は，これまでQCサークル活動をはじめ，いろいろな場で実施され，効果を上げてきましたし，これからも重要なツールとして活用されるでしょう．

後者は，不具合が発生していない「課題」を取り上げ，その目的をとらえ，それにかなう手段を幅広く考え，目的にもっとも適合するものを選ぶことで課題を達成しようとするもので，これを**課題達成**と呼びます．「課題」は不具合が発生していないから原因がない，あるいは特定できないもので，これを分析的に解決しようとしても困難です．そこで，課題達成では目的を明確にし，それを達成できる方策を考え出そうとするものです．今，注目されている新しいツールです（**図1.5**）．

	問題	課題
設計的アプローチ	—	課題達成
分析的アプローチ	問題解決	—

図1.5 活動の適用領域

(2) 適用分野

課題達成が有効な適用分野は次の4つです．

① 新規業務への対応

経営環境の変化が激しく，過去の延長線上で議論できない事がらが多くなるにつれ，過去を引きずっていない設定型の課題が増えています．新しい管理システムや生産方式，設備などの開発・導入にともなって生じる業務や，その運営のやり方はますます多様化してきています．

身近かな例では，現在の仕事が全面的にOA化されることになったが，OA化経験者がほとんどなく，導入にあたって混乱が予測されるので，OA化チームを編成して対応しようというケースがあります．こうした新規業務では過去の経験や情報が少ないため，現状分析をベースにして解決を図るのは困難であり，課題達成の出番となります．

② 近い将来の課題の先取り

近い将来の危険やロスを予測して，それを回避するためにあらかじめ準備，対策しようというものです．ただし，将来の問題だとしても，従来から実施してきたやり方で解決できるようなものは，ここでは対象になりません．新たなやり方を考えるか，これまでのやり方を大幅に変えて対処しなければならないものを指しています．

身近かな例では，近く環境基準が改訂されてより厳しい規制値になると予測される場合，先取りして手を打とうというケースです．

③ 魅力的品質の創造

「魅力的品質」とは，それが充足されるとお客様に満足を与える品質であり，当然満たしているべき「当り前品質」とは区別されます．価値観が多様化し，物があり余る世の中では，魅力的品質を持った物やサービスでないと受け入れられません．新たな魅力的品質を付加するには，発想の転換を目指す課題達成が向いています．

最近の例でみると，平面型テレビやバードビュー表示のカーナビゲーション・システムがあります．

④ 既存業務の現状打破

既存業務に対して意図的に高い目標を設定し，やり方を抜本的に見直して課題を解決する場合，あるいは従来の延長線上では解決できないものを取り上げ，発想の転換を図って目標を達成しようというケースです．

例えば，従来の設計では原価高で競争に勝てないので，発想を転換して大幅な原価低減を図ろうというものが当てはまります．

以上の，課題達成の4つの適用分野をまとめたものが，表1.2です．

ここで，キーワードである「新規の創造」と「発想の転換」について説明します．

設定型問題を対象とする「①新規業務への対応」および「②近い将来の課題の先取り」での

表1.2　課題達成の適用分野

問題の種類	設定型問題	探索型問題
課題達成の適用分野	①新規業務への対応 ●新しい業務（プロセス）のしくみを確立する ②近い将来の課題の先取り ●近い将来の危険や損失を回避するためにあらかじめ準備・対応する	③魅力的品質の創造 ●顧客満足度向上のため新しい魅力的品質を付加する ④既存業務の現状打破 ●現状レベルに対し意図的に高い目標を設定し大幅な改善をねらう
キーワード	新規の創造	発想の転換

キーワードは「新規の創造」です．つまり，新しい業務を対象に新しいやり方を構築しようというものです．従来のやり方を踏襲するだけなのに「②近い将来の課題の先取り」と称している例を見かけることがありますが，これでは大きな効果も望めません．新しいやり方の構築ではないので課題達成の対象とはいえません．

一方，探索型問題は現状の見直しに力点があるので，主として既存業務を対象としていますが，「③魅力的品質の創造」でも「④既存業務の現状打破」でも，従来のやり方の延長線上では課題の達成はむずかしいといえます．「発想の転換」，別な表現をすれば"従来からの飛躍"，あるいは"非連続性"が求められます．「④既存業務の現状打破」の場合，改善率が大きいから現状打破であるとするのは正しくありません．従来の延長線上で考えるのか，考え方を転換して新しいやり方を採用するのかが，現状打破かそうでないかの分かれ目になるのだと理解してください．

（3）発生型問題でも課題達成で取り組んだほうがよい場合

先に（p.7）発生型問題は原因志向型だと説明しましたが，いちがいにそうとはいい切れない場合がありますので，追加説明します．これを「疑似発生型問題」と称しています．むずかしそうに聞こえるかもしれませんが，具体例で説明しましょう．

現在，「バードストライク」が大きな問題になっています．飛行場近くの上空で航空機と鳥が衝突し，鳥をエンジン内に吸い込んでしまうという現象です．外国のあちこちでも困っている問題で，国内では年間600件近くも起きています．鳥を吸い込むと，1枚200万円以上もする高価なファンブレード（羽根）を何枚も傷つけ，国内航空会社では年間数億円の損害を出すだけでなく，大事故につながりかねないと懸念されています．海外ではすでにバードストライクが原因で航空機の墜落やエンジン爆発などの重大事故が発生しています．この問題の改善は問題解決か課題達成か，どちらで検討するのがよいでしょうか．

鳥が原因だから問題解決が適切なのではないかと思われるかもしれません．たしかに鳥が飛んでいるから起きる事故ですが，その原因を容易に除去できないで困っているのが現状です．

このように，一見，不具合なことが起きているように見えても，本質は不具合といい切れないものは問題解決の対象ではなく，課題達成で取り組んだほうがよいといえます．発生型問題のように見えても実は疑似発生型問題というべきで，本当は探索型問題と考えたほうが適切なのです．このようなケースでは原因究明は早々に切り上げ，その現象が起きても不具合につながらないように，課題達成で取り組んで防御策や回避策を考え，またはそのような現象が起きないようなものに置き換えてしまうのがよいと思われます．

課題達成で取り組んだほうがよい発生型問題，つまり疑似発生型問題の場合を3つにまとめました（**表1.3**）．

ここで注意してほしいのは，例えばカラスの害でも「生ゴミを放置する人がいるから，カラ

表1.3　課題達成で取り組んだほうがよい場合

①原因追究の対象が人為の及ばないものの場合 　●カラスの害，猿やイノシシの害，電線にからむ蔦，日差しを遮る樹木など動植物による被害 　●台風や大雨，大雪，湿度などの気象が起こす害，地震や季節，昼夜など自然現象による害や制限 　●乳幼児や加齢による衰えなど，自然の摂理が起こすいたずらや失敗
②原因追究が，自分たち（あるいは自社）の今の力では困難な場合 　●慢性不具合や難解技術など，解明困難な物理現象が引き起こす不具合やクレーム 　●原因不明の病気や身体の障害などによる不具合や事故
③必ず現象が発生するので，対応を考えた方がよい場合 　●建物や設備の老朽化，陳腐化などによる機能，性能，精度などの劣化，あるいは確保困難

スがやってきて食い散らかす」というように，人為的なことがからむ場合は，原因を究明する問題解決の領域です．

(4) 探索型問題を問題解決で取り組んだほうがよい場合

　発生型問題，いい換えれば逸脱問題や未達問題に当てはまらなければ課題達成の対象であるというのが基本的な考えですが，「未達問題というのは目標があってこそ成り立つが，目標のない仕事は日常よくあるではないか，これらはすべて課題達成の対象なのか」という疑問が出てきます．これに対して，個々の仕事すべてに目標があるとみなしていいのではないか，と先に（p.7）説明しました．仮に目標という具体的な形になっていなくても，期待されているレベルはあり，このレベルに達していなければ目標未達と考えていいということです．

　この種の問題は「疑似探索型問題」というべきで，本来は発生型問題と考えるのが妥当でしょう．したがって，問題解決を適用するのが妥当です．日頃から定量的な情報やデータに基づかない仕事のやり方をしていると，どうしても目標というものを意識しなくなりがちで，安易に課題達成に走る危険性がありますので，注意したいものです．

1.4 課題達成の特徴と留意点

最後に、課題達成の特徴と留意点をまとめてみましょう．

(1) 課題達成の特徴 (図1.6)

1) 課題達成はあらゆる場面で適用できる

課題達成は「課題」を「設計的アプローチ」で解決・達成するものですが，この条件にさえ合っていれば，どんな局面にでも適用できます．例えば，次のようなものがあります．
① 組織形態：企業，官公庁，諸団体，地域社会，家庭生活，個人など．
② 職種：製造部門（生産現場など），技術部門（研究，開発，設計，実験，試作，生産技術，品質保証など），JHS 部門（企画，事務，生産管理，販売，サービス，検査，物流，保全など）．
③ 活動形態：QC サークル活動，プロジェクト活動，日常活動（職制活動）など．

2) 異なる専門分野のメンバーが参加するほうがより有効である

課題達成を効果的な活動にするためには，発想豊かにいろいろな角度から多面的にアイデアを出すこと，そしてそのアイデアを実現するための幅広い固有技術力を備えることが決め手となります．同じ職種のメンバーだけでは，どうしてもアイデアや技術力が似かよりがちなので，異職種のメンバー構成が望ましいのです．

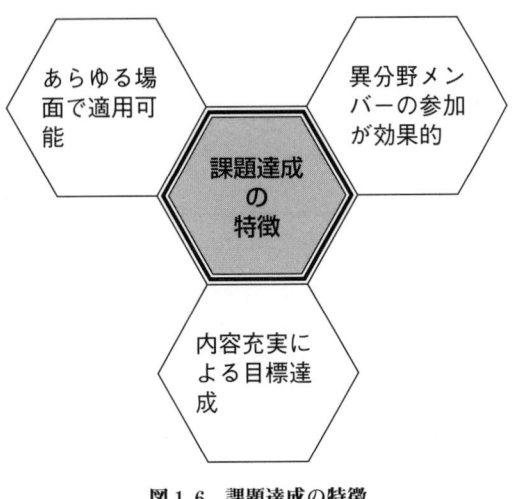

図1.6 課題達成の特徴

職場事情で同職種のメンバーだけでやる場合でも，立場の違う人や異なる専門分野の人に臨時メンバーとして参加してもらうなど，工夫するとよい結果が得られます．

3）内容充実による目標達成を目指す

課題達成は予想効果の大きい方策案を選択するだけに，障害や副作用の排除，成功シナリオの実現のための実験や試行に力を入れることになります．ねらいに沿って実施手順を柔軟に適用したり，会合もブラッシュアップ中心の運営を心がけたりすることが大切になります．このように，今やっていることが結果にどのように結びつくかを常に念頭に置き，結果に向けた各プロセスでの熱意ある努力が期待された成果を生み出します．

(2) 課題達成の留意点 (図1.7)

1）課題達成と問題解決を使い分ける

課題達成には要因解析というステップがないこともあって，安易に取り組まれがちですが，課題達成と問題解決の2つの活動には向き，不向きがあり，テーマそれぞれに適した使い方をすることが基本です．しかし，ときには両活動を併用するとよい場合もあるし，活動の途中で切り替えることもあり得るので，柔軟に使い分けるのがよいでしょう．

2）取り上げるテーマの妥当性を全員で確認する

課題達成では不具合が見えない中から問題を掘り起こし，意図的に課題を形成してテーマを決めるので，その重要性や緊急性などがメンバーや上司，関係者に認識されていることが特に重要です．これが不十分だと，目先の発生型問題に目移りしたり，業務多忙で中断したりする

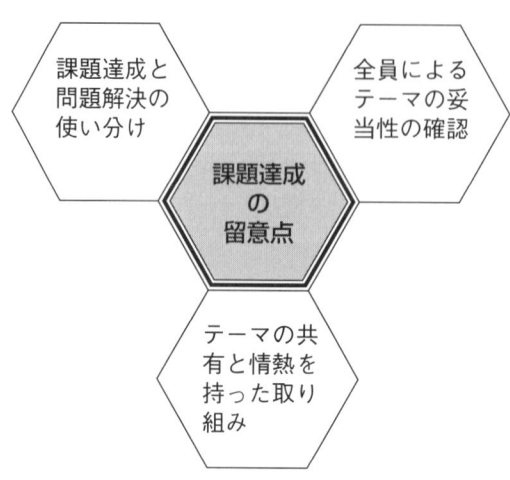

図1.7　課題達成の留意点

おそれがあります．したがって，テーマの妥当性をグループ全員で吟味することにより，活動への動機づけをしっかりしておくことが大切です．

3）テーマを共有し情熱を持って取り組む

　課題達成では職場の枠を超えてメンバー編成したり，異職種のメンバーが参加したりするので，リーダーには強いリーダーシップが求められます．一方，メンバーは現状では不具合が発生していないので，切迫感が薄れるという心配があります．そこで，グループ全員が「何とかしてこのテーマを解決したい」という情熱を持ち続けることが必要であり，上司や関係者もそういう環境整備を心がけることが重要になります．何をやるにしても，テーマを共有し，情熱を持ってあたることが成功の最大のカギなのです．

第2章 課題達成の手順を理解する

　第2章では，課題達成の基本的な8ステップと実施手順を解説します．
　解説はできるだけ図表を多く使い，記入例も示しながら，わかりやすく説明してあります．図表を拡大コピーすると，勉強会でそのままOHPとして活用できるようになっています．
　ステップ・実施手順を解説した後の2.2節には，代表的な実践事例を掲載し，さらに理解を深められるようにしました．
　なお，ステップ・実施手順の詳細は既刊『課題達成実践マニュアル』を参照してください．

2.1 課題達成の手順

(1) 課題達成の手順の概要

　取り組みたいテーマを選定し，手順を判定して，課題達成で取り組むことが妥当であることを確認します．

　次に，テーマの到達すべき姿や水準を整理し，現状と比較することによって解決しなければならないいくつかのタスク（これを「攻め所」といいます）を明らかにします．この攻め所を実現するための方策を，既成概念にとらわれず，自由な発想で考え出し，目標を達成します．

　解決した後は，効果が持続するようしっかり歯止めをかけ，活動の振り返りを行います．本書における「課題達成の手順」は，「ステップ」と「実施手順」から構成されています．

(2) 課題達成のステップと実施手順

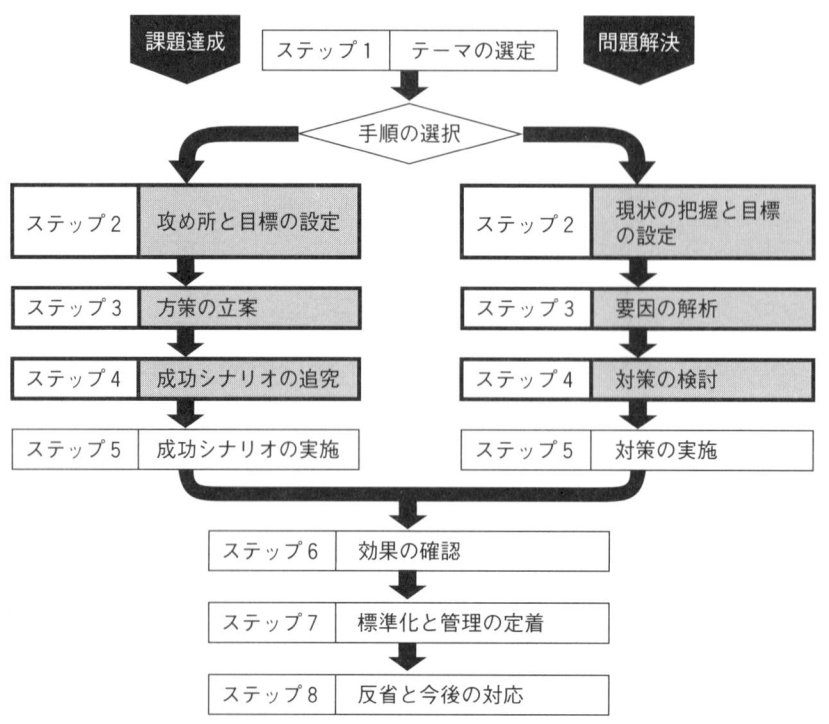

図2.1　課題達成と問題解決の手順の比較

課題達成における手順を，問題解決と対比して図2.1に示します．

「テーマの選定」から「反省と今後の対応」まで，いずれも8つのステップで構成されています．テーマを選定した後，選択した手順によって，その後のステップ・実施手順が変わることになります．

課題達成と問題解決の2つの手順は，網掛けをした2・3・4のステップで取り組む内容に大きな違いがあり，それがそれぞれの活動の特徴にもなっています．

(3) 課題達成の手順の特徴

課題達成が問題解決と大きく異なる3つのステップに焦点を絞って，その特徴を見てみましょう．

① 攻め所をいかに明確化できるかで活動の成否が決まる

課題を分解し，ポイントとなる要素をいろいろ分析して，攻め所（タスク）を明確にできるかどうかが課題達成全体の成否を左右します．「攻め所と目標の設定」は最重要ステップです．

② 発想の転換や創造的なアイデアが大きな成果を生み出す

新規の創造や現状打破が目的なだけに，攻め所に焦点を当てて，どれだけ発想豊かなアイデアを出せるかで，成功シナリオに到達できるかどうかが決まります．

③ 粘り強い取り組みこそが成功シナリオを実現できる

効果の大きな方策の障害・副作用を粘り強く排除しないと，成功シナリオに到達できなくなります．

課題達成の具体的な手順について，次ページ以降にステップごとに活用できるチャートやシート類の例を示しながら説明します．

(4) 課題達成の手順名称

本書の姉妹書である『課題達成実践マニュアル（第1版)』に対して，次の5つのステップ名称を変更しました．それにともなって各ステップでの実施手順も一部見直しを行いました．しかしながら，これらによって手順全体の考え方や流れを変えたわけではないので，既刊書でもステップの区切りやステップ名を置き換えて読んでいただければ全く問題ありません．

① ステップ2「攻め所の明確化と目標の設定」 ⟶ ステップ2「攻め所と目標の設定」
② ステップ3「活動計画の作成」
③ ステップ4「方策の立案」 ⟶ ステップ3「方策の立案」
　　　　　　　　　　　　　　⟶ ステップ4「成功シナリオの追究」
④ ステップ5「最適策の実施」 ⟶ ステップ5「成功シナリオの実施」
⑤ ステップ8「反省と今後の計画」 ⟶ ステップ8「反省と今後の対応」

ステップ 1　テーマの選定

ステップ1「テーマの選定」では，いろいろな角度から幅広く洗い出した問題・課題の中から，優先度の最も高いものを選択し，課題達成で取り組む必要性を明確にしたうえでテーマ名を決定し，活動全般の基本計画を作成する．

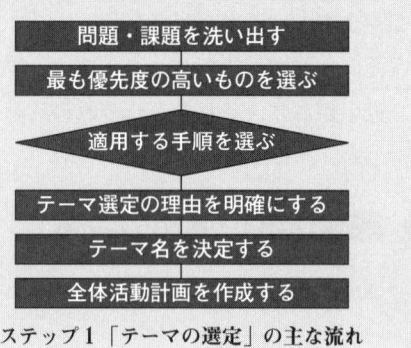

ステップ1「テーマの選定」の主な流れ

実施手順①　問題・課題の洗い出し

（1）「問題・課題発掘チェックリスト」（表2.1）を使って，いろいろな角度から問題・課題を洗い出す

問題・課題発掘の切り口として，検討範囲を広げてみる方法と，時間軸で広げていく方法を**図2.2**と**図2.3**に示します．

（2）「問題・課題選定シート」（表2.2）に，洗い出した「気になること」と「わかっていること」，「わかっていないこと」を記入，整理し，仮テーマ名を設定する

表2.1　「問題・課題発掘チェックリスト」

	チェックポイント	気になること
職場	前回活動の反省から何をやるか	
	日頃困っていることは何か	

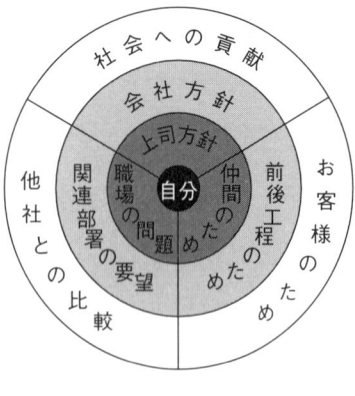

図2.2　問題・課題の検討範囲の拡大

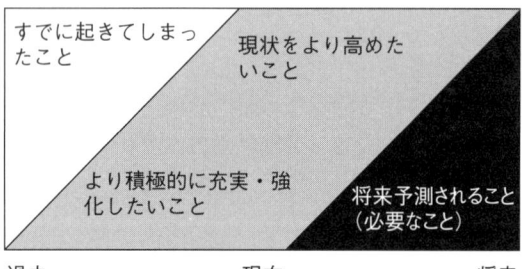

図2.3　問題・課題の時間軸の検討

表2.2 「問題・課題選定シート」

	気になること	わかっていること	わかっていないこと	仮テーマ（テーマ候補）
1				
2				
3				

実施事例

「問題・課題発掘チェックリスト」（記入例）

	チェックポイント	気になること
職場	前回活動の反省から何をやるか	レイアウト部品測定は形状測定より時間が掛かる
	日頃困っていることは何か	RV車の定量評価実験準備作業が標準時間を超えている
上司・他部署	会社方針からやるべきことは何か	
	上司方針からやるべきことは何か	
	部（課）の課題を受けて何をやるか	
	関連他部署の要望は何か	設計・造形要望で形状測定項目数が増え，工数増になる
外部	お客様の要望・要求は何か	
	他社比較から必要なことは何か	
共通	新規業務への対応は何か	
	将来予測される問題・課題は何か	荷室容量測定部位追加で工数が増える
	より強化・充実したいことは何か	
	現状をより高めたいものは何か	

「問題・課題選定シート」（記入例）

	気になること	わかっていること	わかっていないこと	仮テーマ
1.	荷室容量測定部位追加で工数が増える	1実験当たり22分増し，配車期間内に終了しない	車両別の測定工数 他事業所の測定時間・方法・設備	車両荷室容量測定に時間が掛かる
2.	RV車の定量評価実験準備作業が標準時間を越えている	乗用車は標準時間通り RV車は42分オーバー	工程別の差異	車両測定準備に時間が掛かる
3.	L/O部品測定は形状測定より時間がかかる	1項目当たり，8.2秒多い	電算化率や作業工程，設備などの違いと影響度	車両部品大きさ測定に時間が掛かる
4.	設計・造形要望で，形状測定項目数が増え，工数増になる	RV車系の実験が増える 1実験当たり80分増加する	測定方法，必要な設備機能，作業者別測定点数など	車両形状測定に時間が掛かる

実施手順②　問題・課題の絞り込み

（1）洗い出した仮テーマの中から，テーマとして採用したいものを「問題・課題絞り込み評価表」（**表2.3**）を使って絞り込む．絞り込んだテーマについて上司と話し合い，最優先であることを合意し，テーマを決める

この手順では，上司が期待しているテーマであることをグループメンバー全員でお互いに確

表2.3 「問題・課題絞り込み評価表」

仮テーマ（テーマ候補）	評価項目				総合点	判定
	上司方針	緊急性	期待効果	挑戦意欲		
重み	1	1	1	2		

実施事例

問題・課題の絞り込み（記入例）

上司方針
課
技術・技能一体となった業務改革と生産性向上
↓
係
主要業務の大幅な効率化（高い目標への挑戦）

評価項目 上司方針に沿った職場の課題	上司方針	重要性	緊急性	拡大性	達成感	評価	ランク
車両荷室容量測定に時間が掛かる	◎	◎	◎	◎	◎	15	1
車両測定準備に時間が掛かる	◎	◎	○	◎	○	12	4
車両部品大きさ測定に時間が掛かる	◎	◎	◎	◎	○	13	3
車両形状測定に時間が掛かる	◎	◎	◎	◎	◎	14	2

評価
◎ 3点（全員）
○ 2点（5〜4人）
△ 1点（3人以下）

評価項目
・上司方針に沿った
重要性：テーマの必要性
・緊急性：開発日程
・拡大性：関連部署
・達成感：サークルの成長

認し合うことが大切です．同時に，そのテーマの背景や制約条件を確認しましょう．

実施手順③　手順の選択

（1）絞り込んだテーマ候補について，課題達成，問題解決のどちらの手順で取り組むのが効果的・効率的かを「手順確認チャート」（図2.4）で判定する

次のケースの場合，課題達成を適用します．

① 新規業務への対応（初めて取り組む仕事・課題をやりとげる）．
② 近い将来の課題の先取り（近い将来発生が予測される課題を先取りして，手を打つ）．
③ 魅力的品質の創造（魅力的品質・魅力的レベルを創出する）．
④ 既存業務の現状打破（現状レベルを大きく打破する）．

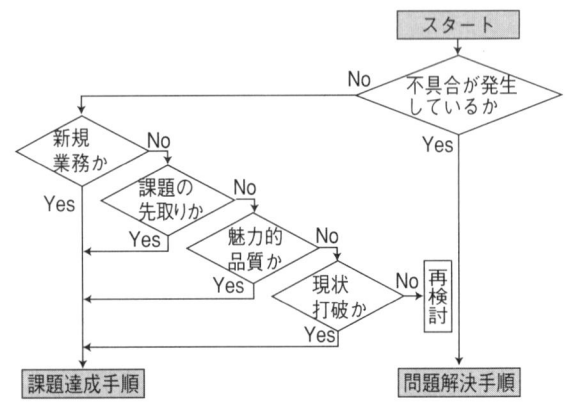

図2.4 「手順確認チャート」

なお，すでに不具合が発生している場合は，問題解決でその不具合を解決します．

実施手順④　テーマ選定理由の明確化

（1）そのテーマに取り組む必要性（ねらい）を具体的に明確にする．具体的に解決したい要求（ねらい，機能）を簡潔に，わかりやすく表現して「テーマ名」にする（表2.4）

優先的に取り組む必要性を，事実の把握や情報・データ（グラフ）による具体的な状況確認で明確にします．テーマの範囲が広いものは，サブテーマをつけて補います．

表2.4　テーマ名のつけ方

良い例	● 新規印刷システムの確立 ● 台所商品売り上げ高の倍増 ● ○○作業の40％効率化 ● お客様に喜んでいただけるサービスの開発
良くない例	● パソコンによる集計作業の簡略化 　（手段を決めている例） ● 商品企画会議のあり方について 　（どうするかが不明な例）

実施手順⑤　活動計画の作成

（1）確実に推進できるように，テーマ完了までの全体の日程やステップごとの役割分担などの大日程計画（表2.5）を立てる．上司のアドバイスをもらい，グループメンバー全員で確認する

課題の達成以外にも，活動を通してメンバーやグループの成長を図ることを計画に盛り込むとよいでしょう（図2.5）．役割分担では，職場を越えたメンバーの得意分野を活かすようにします．会合の持ち方なども工夫します．

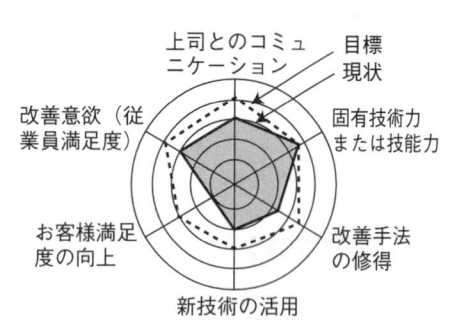

図2.5　「成長目標チャート」

表2.5　「大日程計画書」

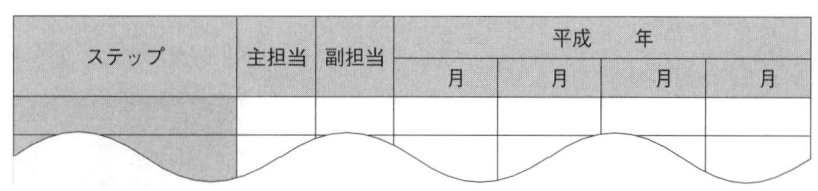

ステップ	主担当	副担当	平成　年			
			月	月	月	月

実施事例

活動計画（記入例）

活動のステップ	役割分担		技術	計画　→　☆△　　実績　➡　★▲
	主	副		5/7 13 20 27 6/3 10 17 24 7/1 8 15 22 29 31
1 攻め所と目標の設定	久芳	酒井	美記／テクニカルアドバイザー	
2 方策の立案と成功シナリオの追究	酒井	青島		
3 成功シナリオの実施	青島	久芳		
4 効果確認	久芳	田端		
5 標準化と管理の定着	田端	瓦田		
6 反省と今後の対応	瓦田	羽賀		
会合				▲ ▲ ▲ ▲ ▲ ▲ ▲
進捗推進会議，勉強会				☆ 勉強会 ☆ ☆

計画通り進捗

ステップ 2　攻め所と目標の設定

ステップ2「攻め所と目標の設定」では，最初にいろいろな調査項目に分けて課題をブレイクダウンし，対応策を考える攻め所を考え出す．次に，攻め所を絞り込み，具体的な目標を設定する．

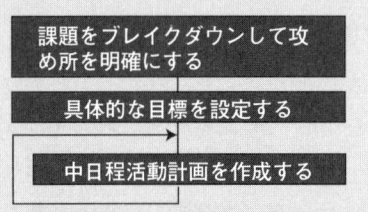

- 課題をブレイクダウンして攻め所を明確にする
- 具体的な目標を設定する
- 中日程活動計画を作成する

検討項目や攻め所数だけ繰り返す

ステップ2「攻め所と目標の設定」の主な流れ

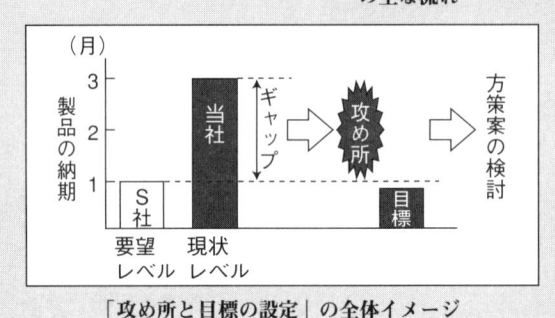

「攻め所と目標の設定」の全体イメージ

実施手順①　攻め所の明確化

（1）テーマ全体の特性とそのレベルを確認する．次にテーマ（課題）をいろいろな調査項目に分け，各項目ごとに要望レベル・現状レベル・ギャップを把握し，対応策を考える攻め所を考え出す

（2）これらを「攻め所発掘シート」（表2.6）にまとめ，攻め所を絞り込む

細部手順は以下の通りです（図2.6）．

細部手順①：テーマの全体にかかわる特性を明確にし，特性値の要望レベル，現状レベルを把握し，達成レベルを確認する

特性とは，売上高や，○○のクレーム件数，不良件数，○○性能，満足度などを指し，特性値とは，これらの特性の大きさを表す定量値です．

細部手順②：テーマを分析する切り口（調査項目）を決める

調査項目とは，テーマを構成する要素を層別してとら

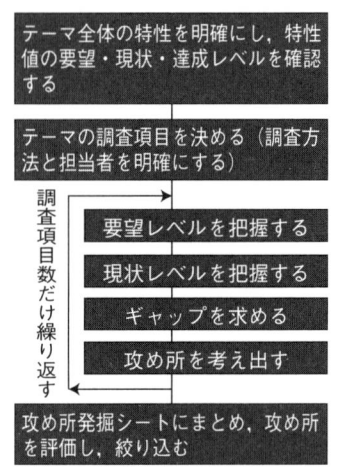

- テーマ全体の特性を明確にし，特性値の要望・現状・達成レベルを確認する
- テーマの調査項目を決める（調査方法と担当者を明確にする）
- 要望レベルを把握する
- 現状レベルを把握する
- ギャップを求める
- 攻め所を考え出す

調査項目数だけ繰り返す

- 攻め所発掘シートにまとめ，攻め所を評価し，絞り込む

図2.6　「攻め所の明確化」の細部手順

表 2.6 「攻め所発掘シート」

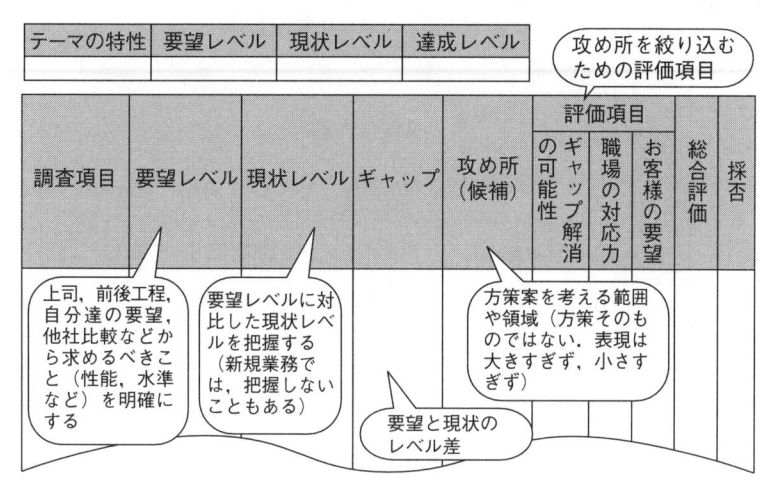

テーマの特性	要望レベル	現状レベル	達成レベル	攻め所を絞り込むための評価項目				
				評価項目				
調査項目	要望レベル	現状レベル	ギャップ	攻め所(候補)	ギャップ解消の可能性	職場の対応力	お客様の要望	総合評価	採否

- 調査項目：上司，前後工程，自分達の要望，他社比較などから求めるべきこと（性能，水準など）を明確にする
- 要望レベル：要望レベルに対比した現状レベルを把握する（新規業務では，把握しないこともある）
- ギャップ：要望と現状のレベル差
- 攻め所：方策案を考える範囲や領域（方策そのものではない．表現は大きすぎず，小さすぎず）

えるものです．層別の着眼点として，「4M」（人・もの・設備・方法）や「7M＋E＋T」（表2.7），「7S」（表2.8）などを活用します．

細部手順③：最初の調査項目について要望レベル（求められているシステムや機能，性能，水準，ありたい姿など）を把握する

要望レベルは上司方針や魅力的に映る機能・性能レベル，ベンチマーキングによる目標水準，新たな法規制値，他社動向，予測される障害や損失レベルなどから設定します．

細部手順④：要望レベルに対して現状レベルがどうなっているかを把握する

細部手順⑤：要望レベルと現状レベルとの差異（ギャップ）を把握する

要望レベルや現状レベル，ギャップはできるだけ定量的データで把握します．

細部手順⑥：「方策案出しの方向づけ」として，攻め所候補を考え出す

攻め所は方策そのものではなく，ギャップを解消するための方策案を立案する範囲や領域を指すものです．

残った調査項目ごとに細部手順③から⑥を繰り返します．

細部手順⑦：攻め所候補を評価して絞り込み，「攻め所」を決定する

たくさん出た攻め所を，「攻め所発掘シート」（表2.6）を使って，効果的・効率的なものに絞り込みます．

表 2.7 「7M＋E＋T」

Man（人）
Machine（設備）
Material（もの）
Method（方法）
Measurement（計測）
Management（管理）
Morale（士気）
Environment（環境）
Time（時間）

表 2.8 「7S」

System（システム，しくみ）
Skill（スキル，技術）
Strategy（戦略，方針）
Structure（組織）
Style（風土）
Staff（人材，工数）
Shared value
　（価値観の共有化）

実施事例

調査項目の選定と調査計画（記入例）

区分	何を	どのように	誰が	いつ迄
テーマ特性	1台当たりの容量測定時間	実験標準書調査	久芳	5/14
人	経験年数別測定時間	技能レベルによる時間差調査	羽賀	5/14
もの	車型別測定時間	過去のデータを調査	瓦田	5/14
会社	事業所別測定時間	他事業所のデータを調査	瓦田	5/14
方法	工程別作業時間	実験標準書調査	酒井	5/14

「攻め所発掘シート」（記入例）

評点：◎3点 ○2点 △1点 ×0点

作成日：5/15　作成者：酒井　解消の可能性：対策実現の可能性
　　　　　　　　　　　　　　サークルの力：サークルでの対策

テーマの特性	現状レベル	要望レベル	達成レベル
1台当たりの容量測定時間	300分（標準作業時間）	112分（配車期間内）	110分以下

区分	調査項目	現状レベル	要望レベル	ギャップ	攻め所候補	評価項目 ギャップの解消の可能性	評価項目 サークルの力	総合評価	決定した攻め所
人	経験年数別測定時間	平均作業時間 299分	全員，Aさん以下でできる（287分）	12分	人による影響の抑制	△	◎	4	
もの	車型別測定時間	平均作業時間 302分	最も短いM車以下でできる（295分）	7分	車型による影響の抑制	△	◎	4	
会社	事業所別測定時間	平均作業時間 301分	全事業所で日産以下でできる（294分）	7分	事業所間の作業の差をなくす	△	◎	4	
方法	工程別測定時間	隙間なくし作業 195分	隙間なくし作業を行わない0分	195分	隙間なくし作業をなくす	◎	◎	6	☆

実施手順② 目標の設定

（1）攻め所の明確化を受けて，具体的目標（「何を」，「どれだけ」，「いつまでに」）を設定する．目標の設定根拠を明確にし，目標達成の見通しをつける

目標値はテーマの特性値で示すのが原則です．定量値で表しにくい場合は，代用特性に置き換えます．目標水準は，挑戦的・意欲的レベルをめざしましょう．

（2）必要に応じてステップ4「方策の立案」以降の「中日程活動計画」を作成する

すでに作成した大日程計画をベースに，細部の検討項目や攻め所ごとに，活動手順の納期・日程，担当者の割付，修正などを行い，**表2.9**のような「中日程計画書」としてまとめます．

表2.9 「中日程計画書」

ステップ	ステップ	実施手順	担当	月				月				
				週	週	週	週	週	週	週	週	週
攻め所1 ○○○	ステップ3	①方策案の列挙 ②方策案の絞り込み										
	ステップ4	①シナリオの検討 ②期待効果の予測 ③障害の予測と排除 ④成功シナリオの選定										
	ステップ5	①実行計画の作成 ②成功シナリオの実施										
攻め所2	ステップ5	①実行計画の作成 ②成功シナリオの実施										

第1章 課題達成の基礎を知る

第2章 課題達成の手順を理解する

ステップ 3　方策の立案

ステップ3「方策の立案」では，攻め所に基づいて多くの方策案（アイデア）を出し，予想効果が大きいものを選ぶ．

```
方策案をたくさん出す
    ↓
予想効果を把握する
    ↓
効果の大きいものを選ぶ
```
ステップ3「方策の立案」の主な流れ

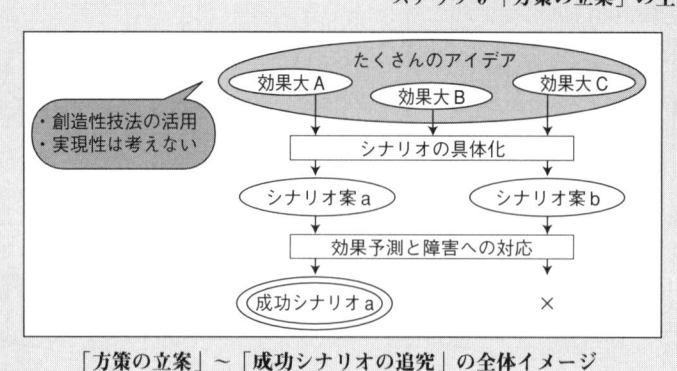

```
            たくさんのアイデア
     効果大A    効果大B    効果大C
・創造性技法の活用       ↓
・実現性は考えない   シナリオの具体化
              ↓         ↓
          シナリオ案a   シナリオ案b
              ↓
         効果予測と障害への対応
              ↓
          成功シナリオa    ×
```
「方策の立案」～「成功シナリオの追究」の全体イメージ

実施手順①　方策案の列挙

（1）「アイデア発掘手順チャート」（図2.7）の思考手順などを活用して，攻め所に焦点をあて，効果が大きいと思われる方策案（アイデア）をたくさん出す．アイデア出しには，発想法七つ道具を活用するとよい

アイデアこそが勝負です．よいアイデアを出すためにいろいろな工夫をしましょう（表2.10）．

実施手順②　方策案の絞り込み

（1）出された方策案それぞれについて効果を予測する

（2）攻め所ごとに，予想効果の大きい方策案を選び，大きい方から順位をつける（表2.11）

表2.10　アイデアをたくさん出すには

- 発想豊かに画期的なアイデアを出す
- 従来のやり方や実現性にとらわれない
- 他職業，他社，他業種の情報も集めて参考にする
- 創造性技法や各種手法を活用して発想を広げる

発想法七つ道具（H7）
- チェックリスト法
- 希望点列挙法
- ブレーン・ストーミング法
- NM法
- ゴードン法
- 焦点法
- 形態分析法

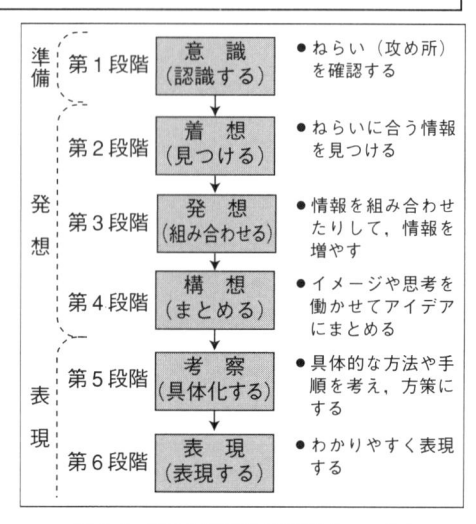

準備	第1段階	意識（認識する）	ねらい（攻め所）を確認する
発想	第2段階	着想（見つける）	ねらいに合う情報を見つける
発想	第3段階	発想（組み合わせる）	情報を組み合わせたりして，情報を増やす
発想	第4段階	構想（まとめる）	イメージや思考を働かせてアイデアにまとめる
表現	第5段階	考察（具体化する）	具体的な方法や手順を考え，方策にする
表現	第6段階	表現（表現する）	わかりやすく表現する

図2.7　「アイデア発掘手順チャート」

効果の評価項目は，テーマの特性（売上高，作業時間など）やニーズ，お客様満足度，収益性，原価低減効果などから設定するようにします．

表 2.11 「方策案 効果評価表」

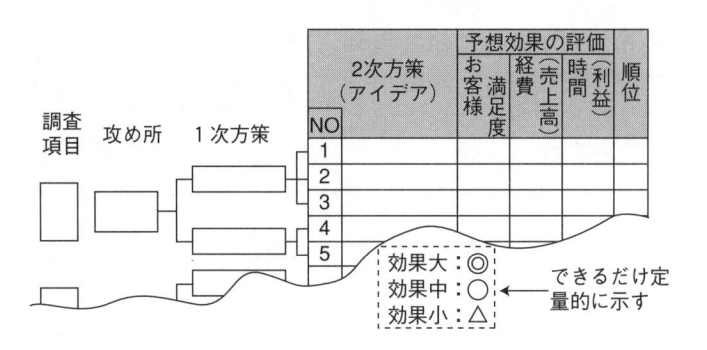

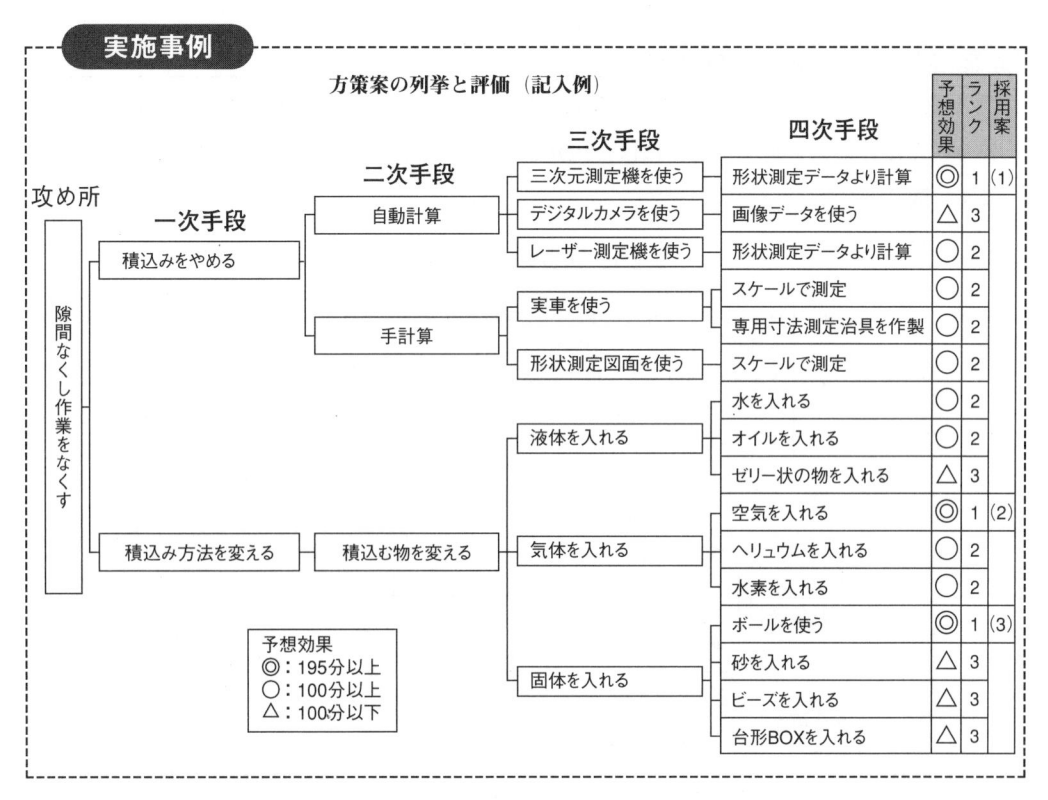

調査項目	攻め所	1次方策	2次方策（アイデア）	予想効果の評価 お客様満足度	経費（売上高）	時間（利益）	順位
			NO				
			1				
			2				
			3				
			4				
			5				

効果大：◎
効果中：○
効果小：△
← できるだけ定量的に示す

実施事例

方策案の列挙と評価（記入例）

攻め所	一次手段	二次手段	三次手段	四次手段	予想効果	ランク	採用案
隙間なくし作業をなくす	積込みをやめる	自動計算	三次元測定機を使う	形状測定データより計算	◎	1	(1)
			デジタルカメラを使う	画像データを使う	△	3	
			レーザー測定機を使う	形状測定データより計算	○	2	
		手計算	実車を使う	スケールで測定	○	2	
				専用寸法測定治具を作製	○	2	
			形状測定図面を使う	スケールで測定	○	2	
	積込み方法を変える	積込む物を変える	液体を入れる	水を入れる	○	2	
				オイルを入れる	○	2	
				ゼリー状の物を入れる	△	3	
			気体を入れる	空気を入れる	◎	1	(2)
				ヘリュウムを入れる	○	2	
				水素を入れる	○	2	
			固体を入れる	ボールを使う	◎	1	(3)
				砂を入れる	△	3	
				ビーズを入れる	△	3	
				台形BOXを入れる	△	3	

予想効果
◎：195分以上
○：100分以上
△：100分以下

ステップ 4　成功シナリオの追究

ステップ4「成功シナリオの追究」では，絞り込んだ方策案について実行可能なシナリオを検討し，障害への対応を考えて総合評価を行い，成功シナリオを決定する．

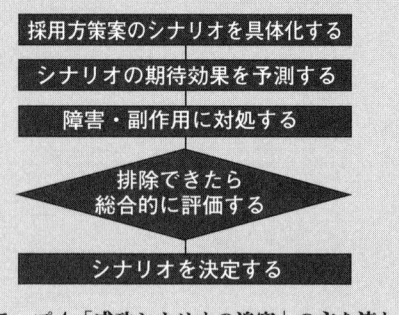

- 採用方策案のシナリオを具体化する
- シナリオの期待効果を予測する
- 障害・副作用に対処する
- 排除できたら総合的に評価する
- シナリオを決定する

ステップ4「成功シナリオの追究」の主な流れ

実施手順①　シナリオの検討

（1）絞り込んだ方策案について，実現可能で具体的な実施方法を検討する（表2.12）

絞り込んだ方策案を具体化するには，PDPC法やQFD，アロー・ダイヤグラムなどを活用します（図2.8）．

表2.12　方策案の具体化とは

- 細部の実施方法（手順）にブレイクダウンする
- 細部の実施項目に分解する
- 細部の構成要素（構成部品，構成技術）に分解する
- 細部のサブシステムに分解する

つまり，システムデザインや企画仕様書作りに相当する

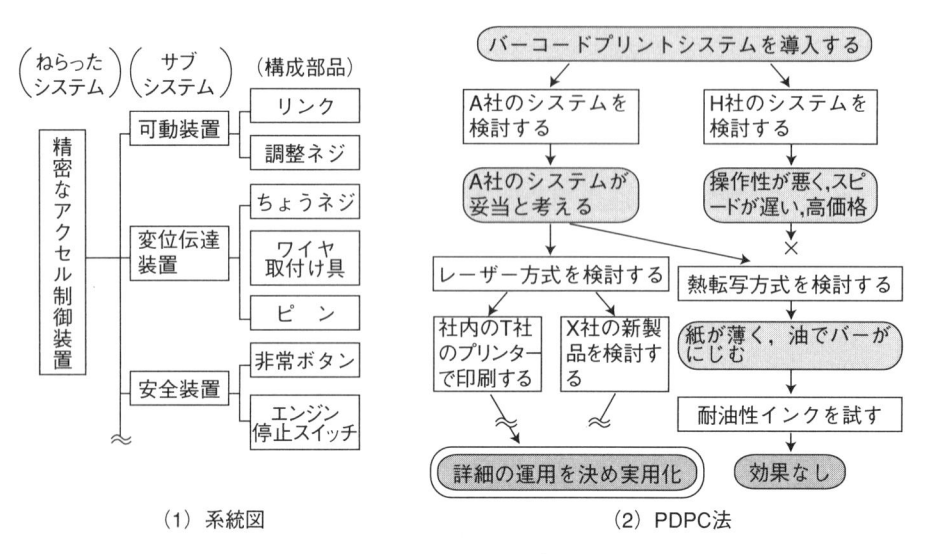

（1）系統図　　　　　　　　　　　　　（2）PDPC法

図2.8　方策案の具体化の例

実施手順② 期待効果の予測

（1）具体化したシナリオごとに期待効果を予測する

シナリオに対して，シミュレーション，トライアル，実験などにより，できるだけ定量的に効果を確認します．

実施手順③ 障害の予測と排除

（1）各シナリオの実施を妨げる障害や他への悪影響（副作用）を予測し，それらを避ける方法を考える．どうしても障害や副作用の排除がむずかしいシナリオはあきらめる

効果が大きく，新規性の高いシナリオほど，一般的に障害や副作用も大きくなるので，「障害排除検討表」（表2.13）などを使って，これを避ける手段や事前防止策を検討します．

表2.13 「障害排除検討表」

シナリオNo.

区分	内容	障害・副作用を排除するアイデア	実現性				排除の可能性
			経費	工数	技術力	期間	
障害							
副作用							
総合評価						判定	シナリオの採・否

実施手順④ 成功シナリオの選定

（1）以上のプロセスを総合的に判断して，成功シナリオを決定する

総合評価で選出された成功シナリオの効果で，目標達成可能なことを確認しますが，効果不足になりそうな場合は，次の順位のシナリオを追加して検討し，成功シナリオに加えます．

ステップ 5　成功シナリオの実施

ステップ5「成功シナリオの実施」では、選定した成功シナリオを実行に移すために実行計画（小日程計画）を作成し、計画手順に従って着実に実施する。

- 成功シナリオの実行計画を作る
- 成功シナリオを実施する
- 新たな副作用・問題に対処する

ステップ5「成功シナリオの実施」の主な流れ

実施手順①　実行計画の作成

（1）成功シナリオを実施するために、実行計画を作成する

この段階で、シナリオの実施（詳細設計、もの・装置作りなど）に移るので、計画も細かな実施項目に分け、その実行順序、必要時間、役割分担などを決めます（表2.14）。

表2.14　「実行計画書」

(1) 成功シナリオ

実施項目	主担当	7/1	8	日程 15	22
1.					
2.					
3.					
4.					

(2) 成功シナリオ

実施項目	目的	内容	担当	日程	場所
1.					
2.					
3.					
4.					

実施手順②　成功シナリオの実施

（1）各担当者が細部実施項目を実行計画に従い、実施する

（2）シナリオごとに効果および問題点を把握する

（3）手を打った以外の副作用など問題点が発生したとき、その手当てを行う

ステップ 6　効果の確認

　ステップ6「効果の確認」では，目標の達成度を判定し，有形・無形効果を確認する．グループや個人の成長目標を設定した場合は，その達成度合いも確認する．

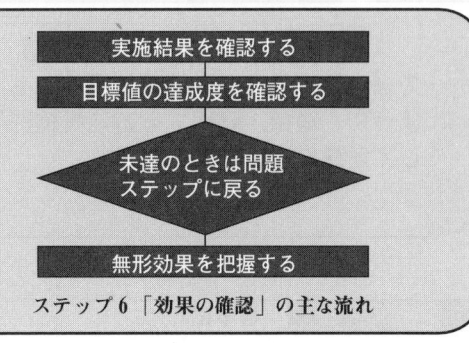

```
実施結果を確認する
　　　↓
目標値の達成度を確認する
　　　↓
未達のときは問題
ステップに戻る
　　　↓
無形効果を把握する
```

ステップ6「効果の確認」の主な流れ

実施手順①　　有形効果の把握

（1）実施結果を成功シナリオの項目ごとに実績値で確認する

（2）特性値について，目標値の達成度を確認する．目標未達成の場合は，問題があったと思われるステップまで戻って再挑戦し，目標達成をめざしてねばり強く実施する

　個別の効果がよくても，総合効果が未達になることもあり得るので，その場合は未達を引き起こしたと考えられるステップまで戻って，再び挑戦します．

（3）成功シナリオ実施に要した費用やマイナス効果を把握する

　有形効果は，できるだけ金額換算します．

実施手順②　　無形効果の把握

（1）ねらった効果以外の副次効果（波及効果）を把握する

（2）無形効果も把握する

　無形効果を自己評価にするとあいまいになりやすいので，定量化の工夫をします．

ステップ 7　標準化と管理の定着

ステップ7「標準化と管理の定着」では，実施効果が継続的に得られるように，維持・管理する方法を検討して実施し，定着化を図る．

- 成功シナリオを標準化する
- 新しいやり方を周知徹底する
- 管理の定着度合いを確認する

ステップ7「標準化と管理の定着」の主な流れ

実施手順①　標準化

（1）効果のあった成功シナリオについて，維持・管理するためのやり方，しくみを決め，規格，基準，マニュアルなどを制定・改訂する

改善された内容が元の状態に戻って効果が失われたり，問題が再発することがないように標準化します．

実施手順②　周知徹底

（1）新しいやり方を実施する時期を決め，改善の趣旨とあわせて関係者に徹底する

（2）関係者が新しいやり方を確実に実行できるように教育・訓練する

実施手順③　管理の定着

（1）新しい基準が確実に守られ，効果が継続していることをデータで確認する

定着していることを管理図やグラフ（図2.9）でフォローし，問題があればすぐに手を打ちます．

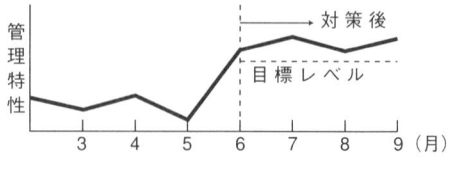

図2.9　管理グラフの例

実施事例

標準化と管理の定着の実行計画（記入例）

何を	なぜ	いつ	どこで	誰が	どのように
標準作業書	作業の標準化	7/23	実験場	久芳	標準作業書の改訂を行った
作業観察	標準化の定着	月1回	実験場	羽賀	標準書通り実施しているかチェック
設備点検	ボール精度維持　装置の予防保全	月1回	実験場	田端	点検用紙に基づき実施

1997年3月までに26台の測定を終え，平均75分で作業が行え，効果が継続できている

ステップ 8 　反省と今後の対応

ステップ8「反省と今後の対応」では，今回の活動を振り返り，残された問題や新たに見つかった課題があれば，今後の計画に反映させる．

- 取り組み方や運営を反省する
- 今後の計画に反映させる
- 新しいやり方を水平展開する

ステップ8「反省と今後の対応」の主な流れ

実施手順① 　活動の反省

（1）計画と実績の差，ステップごとの取り組み方，運営のやり方などについて反省し，よかった点，改善する点を明確にする

改善活動をレベルアップしていくためにも，最後に必ず実施するようにします．

実施手順② 　今後の計画の作成

（1）継続すべき点や今回の活動でやり残した点，新たに発生した課題などを整理し，次回以降にどう活かすかを明確にする．うまくいった新しいやり方を関連他職場などへ水平展開し，効果の拡大を図る

残ったことや今後の課題は，誰がどのように対処するかを明確にします（**表 2.15**）．

表 2.15 「活動振り返り表」

	よかった点	改善する点	今後の取り組み
運営			
活動のステップ			
改善手法・技法			
固有技術・技能			
技術水準・新技術			

実施事例

活動の反省まとめ（記入例）

	ステップ	よかった点	悪かった点	今後の計画
P	テーマ選定 取り組む必要性の明確化 活動計画	当たり前だと思っていた作業に取り組めた	技術テーマに基づいたテーマ候補が少なかった	テーマ選定時，技術スタッフを含めてテーマ出しを行う
D	攻め所と目標の設定 方策の立案 成功シナリオの実施	ユニークな対策ができメンバー全員楽しく実施できた	適したQC手法を活用できなかった	QFD・IE・VE手法の勉強会を実施し知識向上を図る
C	効果確認	期待以上の効果が得られ目標が達成できた	サークルの運営方法	
A	標準化と管理の定着	再発防止の為の標準化と作業観察のしくみができた	●進捗推進会議の設定により，スムーズな運営ができ日程管理力が向上できた． ●次テーマ以降も日程通り解決できるよう，このしくみを活用する．	

2.2 課題達成適用事例

テーマ　A/Tシフトレバー人間工学評価方法の改善

パフォーマンスサークル
（日産自動車㈱技術・開発部門ボディ実験部艤装・電装実験グループ）

【サークル紹介と活動のアウトライン】

　パフォーマンスサークルは，新型自動車の開発部門・実験部に所属し，人間工学に基づいて車室内の使いやすさや室内の広さ，荷室積載性などの性能評価を担当している男性6名のサークルです．

　この改善テーマは，上位方針の開発期間短縮にともなってA/T（オートマチック車）のシフトレバー評価実験の期間短縮に取り組んだ近い将来の「課題の先取り」の代表的な事例です．現状の評価方法から発想を転換し，新規の評価装置を考え出すことによって，試作品なしで評価できるようになり，40％もの期間短縮を実現しています．攻め所の着眼点や多くの障害を排除しながら粘り強く成功シナリオを追究していくプロセスに大きな特徴があります．

ステップ1　テーマの選定

実施手順①　問題・課題の洗い出し

この手順については省略します．

実施手順②　問題・課題の絞り込み

全員で上位方針に沿った問題・課題を出し合い，評価した結果，「A/Tシフトレバー（**写真1**）人間工学評価実験の期間短縮」がランク1位になりました（**図1**）．

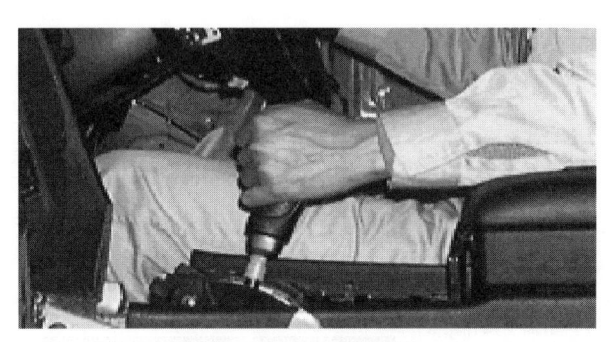

写真1　A/Tシフトレバー

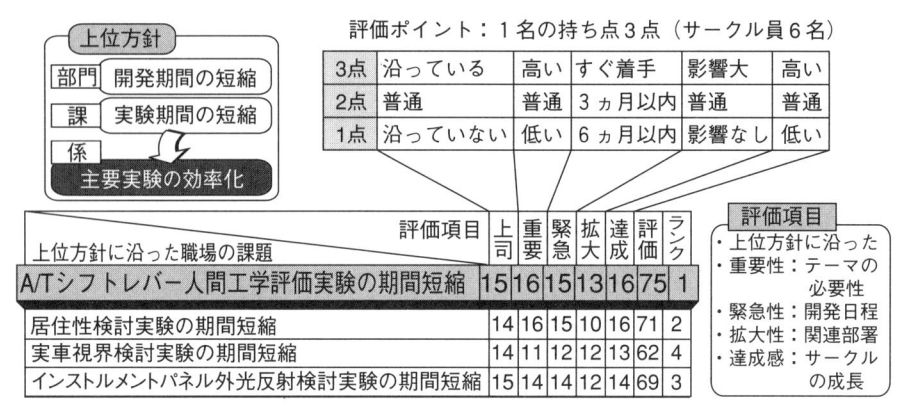

図1　問題・課題の絞り込み

上位方針に沿った職場の課題	上司	重要	緊急	拡大	達成	評価	ランク
A/Tシフトレバー人間工学評価実験の期間短縮	15	16	15	13	16	75	1
居住性検討実験の期間短縮	14	16	15	10	16	71	2
実車視界検討実験の期間短縮	14	11	12	12	13	62	4
インストルメントパネル外光反射検討実験の期間短縮	15	14	14	12	14	69	3

評価ポイント：1名の持ち点3点（サークル員6名）

3点	沿っている	高い	すぐ着手	影響大	高い
2点	普通	普通	3ヵ月以内	普通	普通
1点	沿っていない	低い	6ヵ月以内	影響なし	低い

【上位方針】
- 部門：開発期間の短縮
- 課：実験期間の短縮
- 係：主要実験の効率化

【評価項目】
- 上位方針に沿った
- 重要性：テーマの必要性
- 緊急性：開発日程
- 拡大性：関連部署
- 達成感：サークルの成長

実施手順③　手順の選択

　開発期間の大幅な短縮にともない，評価実験を早い段階で，短期間に評価できるようにしなければならないことから，課題達成として取り組むことにしました（**図2**）．

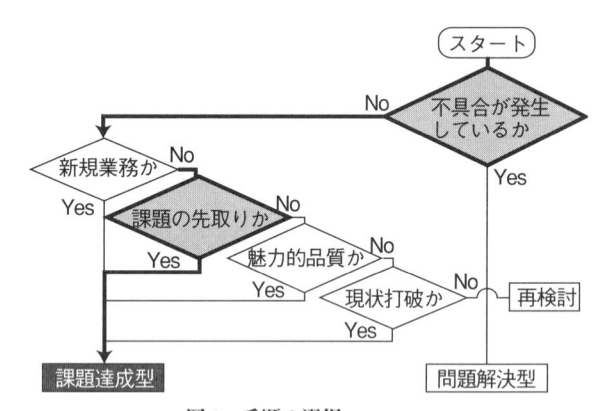

図2　手順の選択

実施手順④　テーマ選定理由の明確化

　A/Tシフトレバー人間工学評価実験には，レバーレイアウトや操作性を見る操作性評価と，

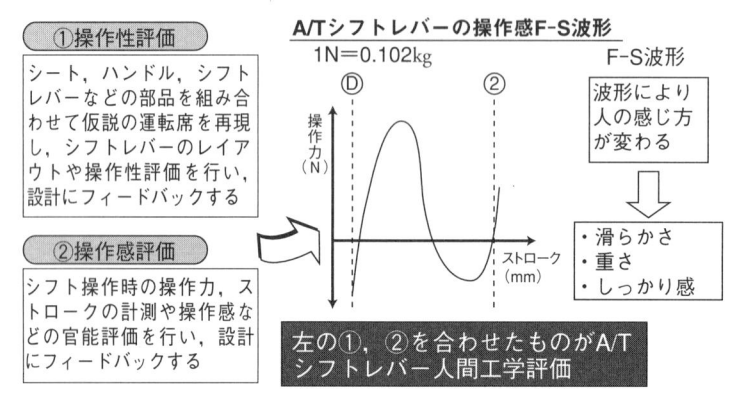

①操作性評価
シート，ハンドル，シフトレバーなどの部品を組み合わせて仮設の運転席を再現し，シフトレバーのレイアウトや操作性評価を行い，設計にフィードバックする

②操作感評価
シフト操作時の操作力，ストロークの計測や操作感などの官能評価を行い，設計にフィードバックする

A/Tシフトレバーの操作感F-S波形
1N＝0.102kg

F-S波形
波形により人の感じ方が変わる
- 滑らかさ
- 重さ
- しっかり感

左の①，②を合わせたものがA/Tシフトレバー人間工学評価

図3　A/Tシフトレバー人間工学評価実験

レバーの操作力とストロークの関係を見る操作感評価とがあります（**図3**）．

操作する人の感じ方を操作感F－S波形として，設計にフィードバックします．

40％もの開発期間短縮のため，これからは評価の9カ月短縮と，先行検討段階で操作性と操作感の同時評価を行わなければならなくなりました．最初の期間短縮が適用される「A車」の評価が3カ月後に迫っているので，早急な対応が必要です（**図4**）．

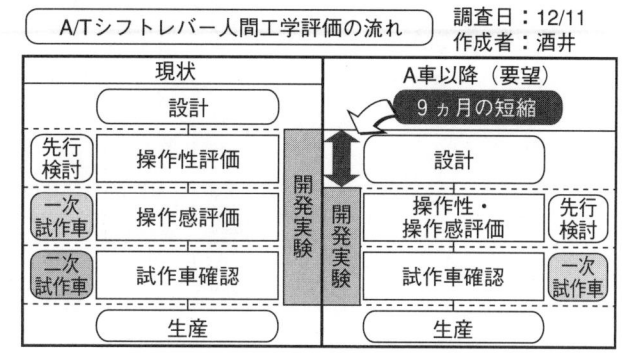

図4　テーマ選定理由の明確化

実施手順⑤　活動計画の作成

重点活動項目診断などの工夫を織り込み，計画を立てました（**表1**）．

表1　活動計画

活動のステップ	役割分担		技術	計画 ▭▭▭▷○△☆　実績 ▬▬▬▶●▲★
	主	副		1/8　15　22　29　2/5　12　19　26　3/4　11　18　25
1. 攻め所と目標の設定	酒井	田端	美記テクニカルアドバイザー	
2. 方策の立案と成功シナリオの追究	田端	青島		計画通り進捗
3. 成功シナリオの実施	青島	久芳		
4. 効果の確認	久芳	瓦田		
5. 標準化と管理の定着	瓦田	田中		
6. 反省と今後の対応	田中	酒井		
会合				
重点活動項目診断				
勉強会				

ステップ2　攻め所と目標の設定

実施手順①　攻め所の明確化

テーマの特性はシフトレバー人間工学評価期間であり，9カ月の短縮が必要です．

調査項目は**表2**のように3点に絞り込み，計画を立て，調査しました（**図5**）．これらの調査結果を「攻め所発掘シート」（**表3**）にまとめ，攻め所（候補）2点を評価した結果，予想効果の大きさから攻め所を「（試作品に頼らないで）設計値のF－S波形に自由に設定できる」に決めました．

つまり，先行検討段階で評価するということは，試作品なしで同様の評価ができなければならないと考えたわけです．

表2 調査項目の選定と調査計画

影響度：特性への影響度
拡大性：他の項目への効果の拡大

作成日：1/8
作成者：酒井

区分	調査項目	内容	評価項目		評価		役割分担	
			影響度	拡大性	評点	ランク	誰が	いま迄に
人	投入工数	開発工数	△	○	3	2	―	―
もの	試験品	使用する試験品	◎	◎	6	1	田端	1/10
設備	実験設備	設備の能力	◎	◎	6	1	酒井	1/17
方法	工程	実験工程	◎	◎	6	1	青島	1/14

【設備】使用する設備の能力調査

(調査日：1/15 作成者：酒井)

	現状	A車以降（要望）
F-S波形	設定できない	設計値のF-S波形に設定できる（12～27N ±100mm）
ストローク量	任意のストローク量に設定できる（N位置基準で±100mm）	設計値のストローク量に設定できる（N位置基準で±100mm）

現状レベル	F-S波形が設定できない
要望レベル	設計値のF-S波形に自由に設定できる（12～27N±100mm）
ギャップ	F-S波形が自由に設定できない

⇩

わかった事 A車以降，設定値のF-S波形に自由に設定できる必要がある

【もの】使用する試験品調査

調査日：1/9 作成者：酒井

	現状	A車以降（要望）
試作部品	使用している	使用しなくてできる
試作車両	使用している	使用しなくてできる

現状レベル	試作部品および一次試作車で評価している
要望レベル	試作部品および一次試作車がなくても評価できる
ギャップ	試作部品および一次試作車で評価をしている

⇩

わかった事 A車以降は試験品を使用しなくても評価できなければならない

図5 調査項目「物・設備」の分析

表3 ギャップと攻め所の明確化（攻め所発掘シート）

テーマの特性	要望レベル	現状レベル	達成レベル
A/Tシフトレバー人間工学評価期間	先行検討で人間工学評価ができている（開発期間13ヶ月）	一次試作車まで評価を行っている（開発期間22ヶ月）	先行検討で人間工学評価が終わる（開発期間9ヶ月の短縮）

評点 高い，沿う ：◎3点
普通 ：○2点
低い，沿わない：△1点

解消可能性：対策実現の可能性
職場対応力：自職場実現の可能性
前後要望：前後工程要望に沿うか

テーマ	調査項目	要望レベル	現状レベル	ギャップ	攻め所（候補）	評価項目			総合評価	採用する攻め所
						ギャップ解消の可能性	職場の対応力	前後工程要望		
A/Tシフトレバー評価方法の改善	もの（使用試験品調査）	試作部品及び一次試作車がなくても評価できる	試作部品及び一次試作車で評価している	試作部品及び一次試作車で評価している	設計値のF-S波形に自由に設定できる	◎	◎	◎	9	採
	設備（設備能力調査）	設計値のF-S波形に自由に設定できる	F-S波形が設定できない	F-S波形が設定できない						
	方法（実験工程調査）	フィードバックループ1回	フィードバックループ2回	1回	フィードバックループの見直し	◎	○	○	7	―

| 実施手順② | 目標の設定 |

目標は,「シフトレバー人間工学評価期間22カ月を,3月末までに13カ月にする」としました.

ステップ3 方策の立案

| 実施手順① | 方策案の列挙 |

攻め所を実現できそうなアイデアをたくさん出し合いました(**図6**).成功シナリオを絞り込む手順も決め,活動に入りました.

| 実施手順② | 方策案の絞り込み |

予想効果の大きい2案(**図6**の網掛け部分)を追究しました.

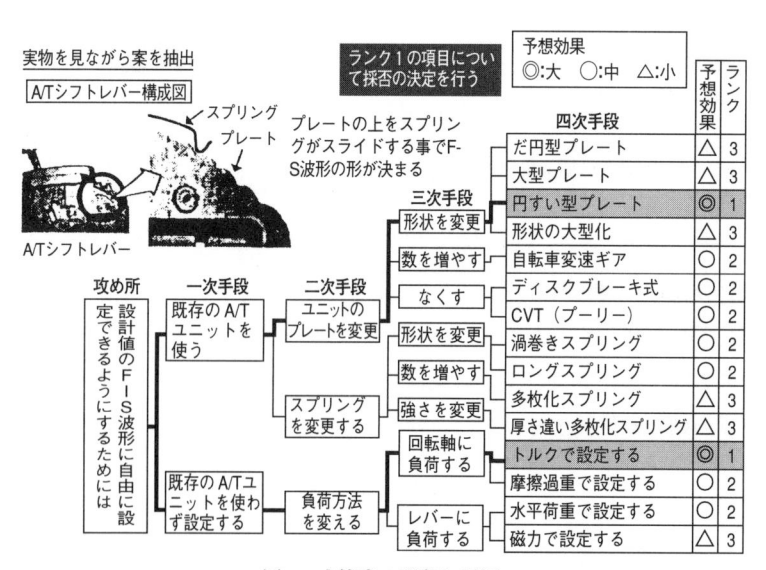

図6 方策案の列挙と評価

ステップ4 成功シナリオの追究

| 実施手順① | シナリオの検討 |

(1) A/Tユニットのプレート形状を円すい型にする方式

任意に再現するには膨大な種類のプレート作成と組み合わせが必要となり,効率的ではないので断念しました.

(2) 回転軸にトルクを与え,F-S波形を設定する方式

回転軸にトルクを与える方式として,エンジンダイナモの原理が使えるというメンバーの意

見で調査しました．しかし，その方法では一方向しかトルクがかけられないので断念し，代案としてワイパーモーターが最適とわかりました（**図7**）．

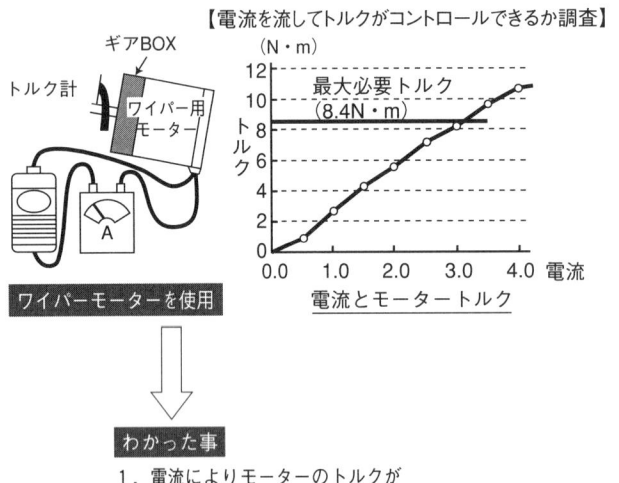

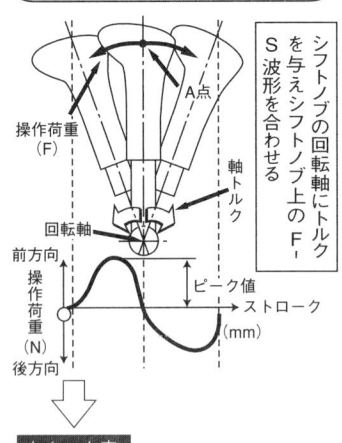

図7 基本方式の選定

（3）操作感再現装置の具体化

操作感再現装置を具体化するために，位置とトルクの制御方法を検討しました．モーターに流す電流とその方向をコントロールする案はコンピューター制御とし，制御フローを決めました．検討・評価の結果，位置感知は光センサー，荷重感知は軸トルクセンサーを選定しました（**図8**）．

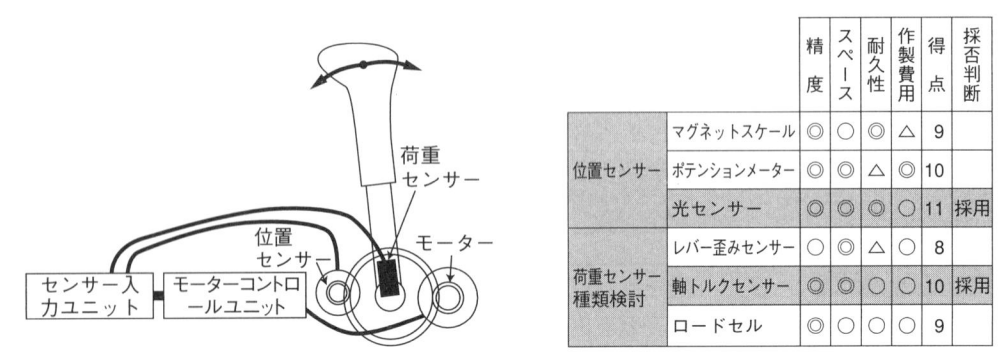

		精度	スペース	耐久性	作製費用	得点	採否判断
位置センサー	マグネットスケール	◎	○	◎	△	9	
位置センサー	ポテンションメーター	◎	◎	△	◎	10	
位置センサー	光センサー	◎	◎	◎	○	11	採用
荷重センサー種類検討	レバー歪みセンサー	○	◎	△	○	8	
荷重センサー種類検討	軸トルクセンサー	◎	◎	◎	○	10	採用
荷重センサー種類検討	ロードセル	◎	○	◎	○	9	

図8 制御方法とセンサー類の選定

実施手順②　期待効果の予測

この方式でのトライアル結果は任意のF－S波形を再現できましたが，モーターに過剰な負

荷がかかる方式のため，モーターが発熱して3.5分で試験ができなくなりました．

実施手順③　障害の予測と排除

　小型扇風機で冷却する案もNGとなったため，発想を逆転し，モーターに過剰な負荷をかけないようにするため「モーターのトルクで反力を小さくし，シフトノブを保持できる」案を考えました．検討の結果，ウォームギアを使って制御すればよいことがわかりました（**図9**）．

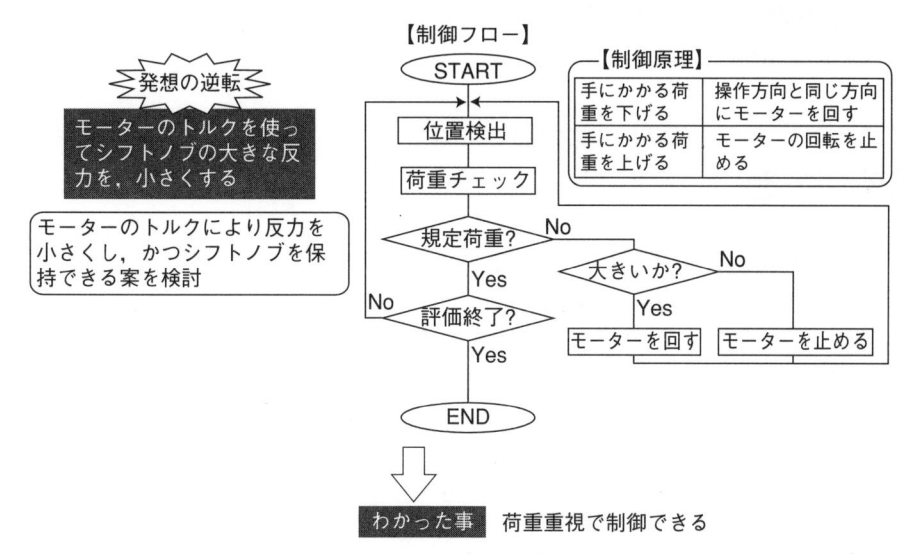

図9　モーターの負荷軽減策の検討

実施手順④　成功シナリオの選定

　成功シナリオは**図10**のようになり，温度もF-S波形の再現も問題ありませんでした．

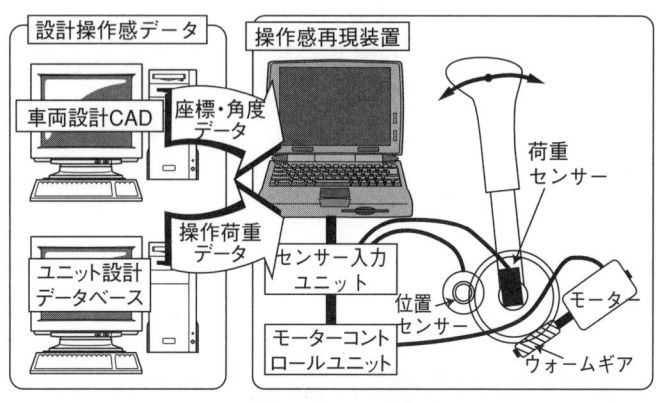

図10　決定した成功シナリオ

ステップ 5　成功シナリオの実施

実施手順①　実行計画の作成

　成功シナリオの実行計画を作成し，役割分担も決め，最短期間で装置を完成させました．所有部品や設備，廃却品の活用で，費用は最小限ですみました．

実施手順②　成功シナリオの実施

　F-S波形の再現精度も良好でした（**図11**）．

	計画値	実測値	公差	判定
①操作力ピーク値(N)	26.5	26.8	±2.5	OK
②波形の山幅(mm)	3.5	3.4	±1.0	OK
③波形吸込み角(N/mm)	4.14	4.21	±0.5	OK
④負方向ピーク値(N)	12.7	12.8	±0.1	OK
⑤反力／フルストローク比(a/b)	0.57	0.55	±0.2	OK
⑥ストローク量(mm)	30.0	30.2	±1.0	OK

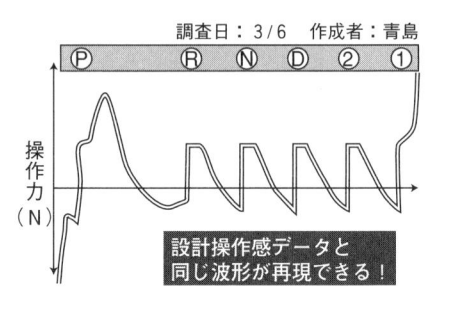

図11　再現精度の確認

ステップ 6　効果の確認

　新装置によって，先行検討時に操作性評価と操作感評価が同時に実施できるようになり，目標通り開発実験期間を9カ月短縮することができました（**図12**）．副次効果として，実験準備時間を70％（264分）減少でき，サークル成長も目標通りに向上できました．

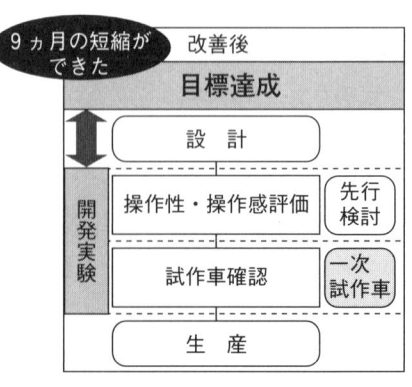

図12　効果の確認

ステップ 7　標準化と管理の定着

　効果維持のため，**表4**のように歯止めをかけました．関連企業にも水平展開しました．

表4 標準化と管理の定着の実行計画例

何を	なぜ	いつ	どこで	誰が	どのように
標準作業書	作業の標準化	3/13	実験場	酒井	標準作業書の改訂を行った
作業観察	標準化の定着	月1回	実験場	瓦田	標準書通り実施しているかチェック
15日点検	・再現精度維持 ・装置の予防保全	月1回	実験場	久芳	点検用紙に基づき実施

ステップ 8 反省と今後の対応

ステップごとに振り返りました（**表5**）．次は，ランク2のテーマに取り組みます．

表5 活動の反省まとめ（例）

	ステップ	よかった点	悪かった点	今後の課題
P	テーマ選定 取り組む必要性の明確化 活動計画	開発期間短縮という大きなテーマで，他の事業所にも効果が及ぶ課題に取り組めた．		
D	攻め所と目標の設定 方策の立案 成功シナリオの実施	トライアルの繰り返しと発想の逆転で最適案が具現化できた．	要望，現状レベルの定量値化がうまくできなかった．	社内外の大会参加で，知識向上を図る
C	効果確認	期待以上の効果が得られ目標が達成できた．		
A	標準化と管理の定着	標準化と作業観察の仕組みができた．		

> **サークルの運営方法**
> ・重点活動の診断実施により，納期意識の向上と発言，参加率の向上が図れた．
> ・次回以降もこの活動を継続していく．

第Ⅱ部 GDによる研修ゲーム

■ 研修ゲームを始めるにあたって

　第Ⅰ部で勉強した課題達成の手順に沿って，与えられたテーマ「よく飛ぶ紙飛行機の開発」を研修ゲームで，実際に体験学習を実践します．一人でも取り組むことができますが，ここではグループで取り組むことを前提に解説します．

(1) 研修ゲームをうまく進めるには

　研修ゲームでは，最も多くのことを習得できるので，粘り強く取り組むことが大切です．グループデスカッション（GD）は4～8名でグループを編成するのが理想的ですが，職場の都合で決めてください．特に，リーダーはグループメンバー一人ひとりのレベルと個性を考慮し，全員で課題を達成するように心がけてください．

1）勉強目的第一に，楽しく学ぶ

　研修ゲームは，よく飛ぶ紙飛行機を開発して実際に飛ばしながら，課題達成の考え方や手順を習得するプログラムになっていますが，"紙飛行機の面白さ"と"課題達成の習得"のバランスをとることが重要です．グループメンバーが紙飛行機の作成と飛ばすことに熱中しすぎると，本来の目的である課題達成の習得がおろそかになる恐れがあります．全員でステップごとに取り組むことを明確にしたり，節目での振り返りを行い，次に何をするのかを確認しながら研修ゲームを進めてください．

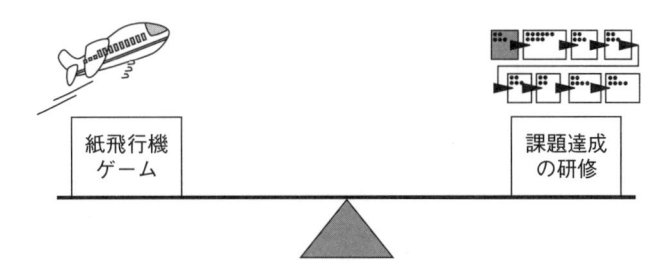

2）全員の協力で課題を達成する

　研修ゲームでは，グループメンバー一人ひとりの役割分担を明確にし，協力し合いながら課題を解決するようにします．各ステップでは積極的に発言し，自分の考えやアイデアを出し合い，目標時間内に課題達成を図りましょう．役割を固定してしまうと，論議に十分入れない人が出ることもあるので，途中で役割を交替するのもよいやり方です．

3）メンバー構成が学習効果をあげる

　同じ職場やQCサークルの仲間と取り組むことが多いでしょうが，できるだけ他職場・他部

門の人を交えてグループを編成するほうが GD の効果があがります．研修ゲームでは，いろいろな場面で意見を交換しながら進めるので，ほかの人の考え方や発想のしかたも学ぶことができます．

4) アドバイザーを巻き込む

研修ゲームに割り当てた時間内で，すべてのステップと手順を習得するためには，課題達成をよく知っているアドバイザーを確保しておくとよいでしょう．本書や実践マニュアルで課題達成の手順を学んだといっても，実際にそれを適用するとなると，手順や手法などに改めて疑問点が出てくるのが普通です．そんなときに適切なアドバイスや解説をしてくれる人が近くにいると，効率的に学習が進みます．社内の研修会であれば，講師の人たちがその役割を果たしてくれます．

(2) 研修ゲームのねらいとスケジュール

1) 研修ゲームのねらい

本書の紙飛行機研修ゲームは，紙飛行機を折る遊び感覚と，飛行距離と時間の目標を達成するゲーム感覚を通じて，課題達成を系統立てて理解してもらうことがねらいです．

2) 研修ゲームのスケジュール

研修ゲームのスケジュールは，グループの状況に合わせて設定しますが，合計 600 分をステップごとに配分して作成したスケジュールの一例を**表1**に示しましたので，参考にしてください．

表1 紙飛行機ゲームの時間配分（例）

	時 間 帯	時 間（分）	内 容
1日目	9:00 〜 9:25	25	はじめに
	9:25 〜 10:55	90	ステップ1．テーマの選定
	10:55 〜 13:55	120	ステップ2．攻め所と目標の設定 （途中1時間昼食休憩）
	13:55 〜 14:10	75	ステップ3．方策の立案
	14:10 〜 16:10	60	ステップ4．成功シナリオの追究
	16:10 〜 17:10	60	ステップ5．成功シナリオの実施
	17:10 〜 17:40	30	ステップ6．効果の確認
	17:40 〜 18:10	30	ステップ7．標準化と管理の定着
	18:10 〜 18:30	20	ステップ8．反省と今後の対応
2日目	9:00 〜 10:30	90	まとめと発表
合　　　計		600 分（10 時間）	

■ 研修ゲームの進め方

(1) 会場の確保と設営

① グループ討議室：グループ全員で討議やまとめを行ったり，紙飛行機を作成したりする会議室を確保する．

② 飛行場：紙飛行機を飛ばすための広場で，少なくとも幅5m・長さ10m以上あることが望ましい．会場は屋内で天井が高く，空調の影響を受けにくい所がよい．設営はまずスタートラインを引き，それに直角に巻尺（20m用）を貼り付け，測定しやすいように1mおきに目立つ印をつける（**写真1**）．

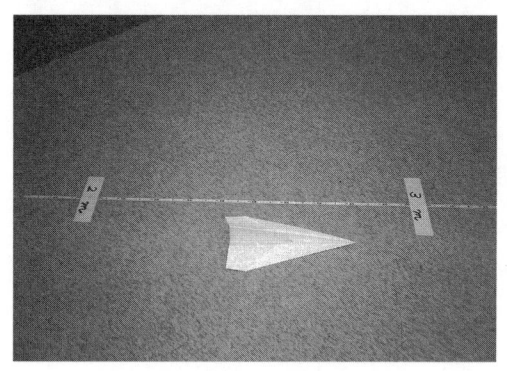

写真1　飛行場のラインの引き方

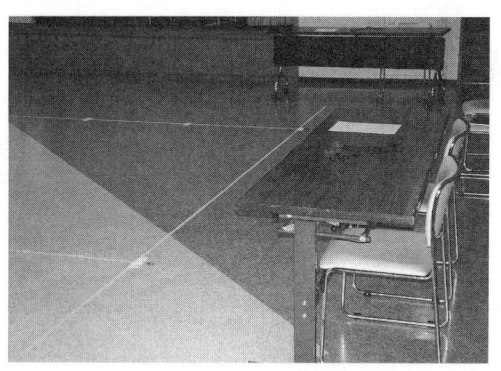

写真2　飛行場の記録台

③ 必要な器材

表2　必要な器材

分　類	器　材	内　容
各メンバー	①テキスト（課題） ②補助教材	『課題達成研修マニュアル』（本冊） 『課題達成実践マニュアル』など
飛行場 （写真2）	①巻尺，紙テープ ②ストップウォッチ	ライン・距離目印用 飛行時間測定用
討議室 （写真3，4）	①白板や黒板 ②飛行機製作用紙 ③文房具類	模造紙の活用でも可 （B4，A4，B5 各10枚程度）×グループ数 （筆記用具，電卓，ものさしなど）×グループ数

51

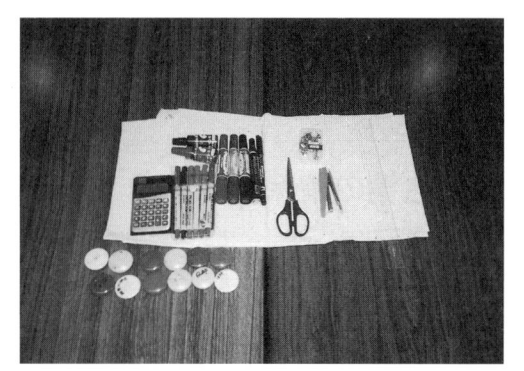

写真3 討議室の準備（紙類）　　　写真4 討議室の準備（文房具類）

(2) 研修ゲームの進め方

1) 研修ゲームのシステム (図1)

① 進め方の基本は，まず左ページのステップ・実施手順の説明をよく読んで，グループとしてやるべきことを理解する．

② 次に，その指示内容に従ってグループで意見を出し合ったり，作業を行う．

③ 議論した結果や測定データを，指示された右ページのワークシートに一人ひとりが書き込んでいく．枚数が不足する場合はワークシートをコピーする．

④ リーダーがまとめるよう指示してある場合以外は，メンバー全員が同じ作業を進める．

⑤ 8ステップが終了し，ワークシートのすべてが記入できると，ワークシートがそのまま自分のまとめ資料として活用できる．

（注）ステップ・実施手順の説明がよくわからないときは，第Ⅰ部を読み直したり，補助教材を参考にして理解します．

図1 本書の使い方（左ページを読んで，右ページに記入する）

2) 研修ゲームの進行

① この研修ゲームは，すべてグループの自主的な運営によって進める．

② 具体的な進行は，指示事項に従って「はじめに」(p.54) から始める．

GDによる研修ゲーム

　この研修ゲームは，課題達成の手順に従って紙飛行機の折り方・飛ばし方を開発し，「飛行距離×飛行時間」の高い目標に挑戦するものです．GDと飛ばす作業の結果をワークシートに記入することで，各ステップ・実施手順が楽しく理解できます．

　グループメンバー全員の協力と現状打破の発想や創意工夫を十分に発揮して，課題達成の特徴ある進め方を習得するようにしてください．

| ステップ | はじめに | 目標時間25分 |

下記の4つの手順を踏みながらグループでGDを開始します．

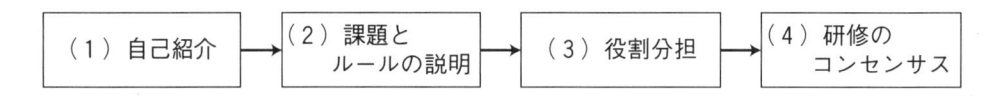

（1）自己紹介 → （2）課題とルールの説明 → （3）役割分担 → （4）研修のコンセンサス

（1）自己紹介

必要に応じて全員が自己紹介をします．

（2）研修ゲームの課題とルールの説明

【研修ゲームの課題】（p.55）を読み，よく理解します．

《ポイント》
- 課題とルールは全員の理解が不可欠であるため，数行ずつメンバー全員で分担して読み上げていくのもよい方法である．
- 55ページの課題やルールで不明な点や疑問があるかどうか，リーダーがメンバーに確認する．
- 55ページの資料に書かれている以外の情報やデータはないものとして取り組む．

[ローカルルールの設定]
- 飛行場の広さや高さが十分確保できない場合は，天井や対面の壁に紙飛行機がぶつかってしまうことがある．したがって，「壁のどの部分にあたったら○mとする」というような特別なローカルルールを決めておくとよい．

（3）役割分担

研修ゲームを進めるうえでの役割分担を決め，【役割分担表】（p.57）にまとめます．

① 役割は自薦・他薦を基本とするが，決まりそうにもないときは，リーダーから「…さん，○○をお願いできますか？」と依頼する方法もある．
② 途中で役割のローテーション制も考慮するとよい．
③ 決定した役割分担は，全員がいつでも見えるところに掲示しておく．

【研修ゲームの課題】

研修ゲームの課題とルール

みなさんは，玩具会社の若手営業マンです．

これから，よく飛ぶ紙飛行機を開発します．その背景を説明します．

当社は(株)オモチャ屋といい，創業20周年になる中堅企業です．営業品目は一般玩具の製造と販売がメインで，ゲームソフト関係は取り扱っていません．

最近3年間の営業利益は，1.5億円，1.3億円，1.0億円とジリ貧の状態にあり，設備投資に資金を十分回せないのが実情です．この状態に対して営業部としても総力を結集して収益改善に努めています．その一環として，最近の役員会で，創業20周年を記念して大きなイベントを開催することが決まりました．確かに過去1年間のデータを見てみると，4月の新入学祝い，12月のクリスマスセールなどのイベントを打ったときの売上げの伸びが大きいことがわかっています．

月	4	5	6	7	8	9	10	11	12	1	2	3
売上げ（億円）	8.3	5.2	4.3	5.6	2.5	3.2	4.2	4.9	9.3	6.1	2.8	3.7

このイベントのための集客の目玉として，企画部署から出された5つのアイデアに対して，社員の子供たちにアンケート調査を実施したところ，紙飛行機が圧倒的な人気でした．

| 紙飛行機 54％ | コマまわし 22％ | 竹トンボ 13％ | 凧上げ 9％ | 将棋 2％ |

具体的には大人から子供まで多くのお客様に紙飛行機を折っていただき，その飛んだ実績で賞品がもらえるというものです．各地のイベントホールで一般のお客様に飛ばしていただくため，よく飛ぶ紙飛行機の折り方を見つけておき，必要なお客様には指導するようにします．

企画部署からは，できるだけ長い時間飛ぶ紙飛行機の折り方を営業部で研究してもらいたいとの意向が指示され，営業部長からは，部内各グループの研究成果の一番よいものを採用するので，課題達成の手順を勉強しながら挑戦するようにとの指示がありました．

使用する紙は，B5，A4，B4の3種類のいずれを選んでもよいが，イベントホールの大きさから考えて少なくとも飛行距離10 m以上，飛行時間4秒以上は飛んで欲しいとの条件がつき，「飛行距離×飛行時間」で計算したポイント数で順位を決めることになりました．

このような状況の中で，みなさんは営業部のグループとして活動し，課題を達成してください．

【研修ゲームのルール】
① 飛行場やGD室，GD器材は準備したものの範囲で，研修ゲームを進める．
② グループが複数の場合は，ほかのグループとは相談しない．
③ 折り方は自由だが，指定の紙を一枚だけ使用し，おもりを付けたり紙を切ったりなどの加工をしない．
④ 最終案はグループで統一した折り方で製作するが，他人の飛行機は折らないこと．一人ずつ自分の紙飛行機を飛ばし，飛行は一人2回飛ばしてよい方のデータをとる．
⑤ 測り方は，測定距離は10 cm単位とし，後ろへ飛んだときはマイナスとする．時間は0.01秒単位とする．
⑥ 床に落下した時点または壁にぶつかった時点で距離と時間を測定する．

《ポイント》
- 役割分担（例）
  ① GDリーダー：GDのリーダー　　　⑥ タイムキーパー：時間管理
  ② サブリーダー：GDのサブリーダー　⑦ 庶務：資材（紙，筆記用具など）や飲
  ③ 書記-1：GD中の模造紙記入　　　　　食などの世話係
  ④ 書記-2：発表資料作成　　　　　　⑧ 測定・記録係：飛行場での測定と記録
  ⑤ 発表者：GD結果発表者
- 全員で役割分担，途中でローテーションするのもよい．

（4）研修のコンセンサス

「全員が発言する」とか，「人の話をよく聞く」など，研修ゲームを進めるうえでの班のルールを決め，全員のコンセンサスを得てから【運営ルール】（p.57）にまとめます．

それでは，メンバーが注意すべきポイントを参考にしながら，課題達成のステップと手順に従って課題に挑戦しましょう！

はじめに　ワークシート（1／18）

【役割分担表】

役　割	氏　名	会社や部署名
リーダー		
サブリーダー		
書記（黒板）		
書記（まとめ資料）		
発表者		
タイムキーパー		
庶務係		
測定・記録係		

【運営ルール】

項　目	内　容	備　考

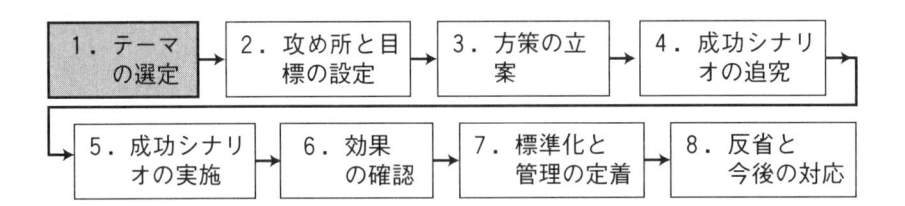

ステップ 1 テーマの選定

目標時間 90 分

```
1. テーマ → 2. 攻め所と目 → 3. 方策の立 → 4. 成功シナリ
   の選定       標の設定        案              オの追究
→ 5. 成功シナリ → 6. 効果 → 7. 標準化と → 8. 反省と
     オの実施       の確認      管理の定着      今後の対応
```

《ポイント》
- ステップ1「テーマの選定」はあまり時間をかけないで進める．
- 課題を正しく理解して進める必要があるため，アドバイザーやGDリーダーが主導して進める．

実施手順① 問題・課題の洗い出し

（1）営業部門のQCサークルメンバーになったつもりで，考えられる問題・課題を列挙する．

（2）テーマを考える訓練の場として，自由に意見を出し合う．

実施手順② 問題・課題の絞り込み

（1）実施手順①「問題課題の洗い出し」で出した仮テーマを【問題・課題絞り込み評価表】（p.59）にまとめる．
- 仮テーマ（テーマ候補）に「よく飛ぶ紙飛行機の開発」は必ず入れる．

（2）【問題・課題絞り込み評価表】で仮テーマごとに評点をつける（p.59）．
- この研修では意図的に「よく飛ぶ紙飛行機の開発」が1位になるようにする．
- 評点は，メンバーの挙手数などで決める．

【問題・課題絞り込み評価表】の記入例

◎：3点（5人以上） ○：2点（3〜4人） △：1点（2人以下）

仮テーマ（テーマ候補）	評価項目				総合点	判定
	上司方針	緊急性	期待効果	挑戦意欲		
重み	2	1	1	1		
よく飛ぶ紙飛行機の開発	◎	◎	◎	◎	15	◎

ステップ1　テーマの選定　　　ワークシート（2／18）

【問題・課題絞り込み評価表】

◎：3点（5人以上）　○：2点（3〜4人）　△：1点（2人以下）

仮テーマ（テーマ候補）		評価項目				総合点	判定
		上司方針	緊急性	期待効果	挑戦意欲		
	重み	2	1	1	1		
1							
2							
3							
4							
5							

【手順確認チャート】（決定ルートを太線にする）

適用分野：

判定の根拠：

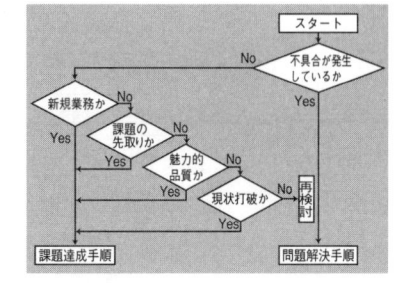

実施手順③　手順の選択

（1）【手順確認チャート】（p.59）を使って「よく飛ぶ紙飛行機の開発」が課題達成の手順に適したテーマであることを確認し，適用分野と判定の根拠を【手順確認チャート】に記入する．
- 4つの分野のどれに該当するかを全員で決め，決定ルートを太線にする．

実施手順④　テーマ選定理由の明確化

「企画部署や営業部長から自分たちにテーマを指示された」背景を明確にします．

（1）【研修ゲームの課題】（p.55）の中に示されている数値データをグラフ化し，【テーマの選定理由】（p.61）に記入する．
- どのようなグラフ（折れ線グラフ，円グラフ，棒グラフなど）を使用したらよいか検討し，適切なグラフを選定する．

（2）作成したグラフから「わかったこと」を【テーマの選定理由】（p.61）に書き出す．

（3）テーマ名を決め，【テーマ名の決定】（p.61）に記入する．
- 「よく飛ぶ紙飛行機の開発」のままでもよいが，もっと自分たちの思いを入れるのもよい．

実施手順⑤　活動計画の作成

（1）大日程計画表を【活動計画】（p.61）に記入する．
- 研修ゲームのスケジュールをガントチャートで作成する．
- 納期や役割分担を確認する．

【活動計画】の記入例

ステップ	主担当	月日	7/15					7/16					
		時間	13	14	15	16	17	9	10	11	12	13	14
1. テーマの選定	鈴木		/—/										
2. 攻め所と目標の設定	片倉			/—	—	—/							
3. 方策の立案	藤田						/—/						
4. 成功シナリオの追究	伊澤							/—	—/				
5. 成功シナリオの実施	及川								/—/				
6. 効果の確認	北村									/—	—/		
7. 標準化と管理の定着	戸倉											/—/	
8. 反省と今後の対応	市川												/—/

ステップ1　テーマの選定　　　ワークシート（3／18）

【テーマの選定理由】

わかったこと：
_____
_____
_____
_____
_____

【テーマ名の決定】

【活動計画】

ステップ	主担当	月日	/						/					
		時間												
1. テーマの選定														
2. 攻め所と目標の設定														
3. 方策の立案														
4. 成功シナリオの追究														
5. 成功シナリオの実施														
6. 効果の確認														
7. 標準化と管理の定着														
8. 反省と今後の対応														

ステップ2 攻め所と目標の設定

目標時間120分

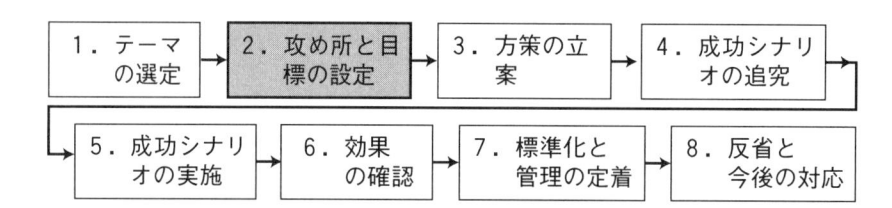

```
1. テーマ   →  [2. 攻め所と目   →  3. 方策の立   →  4. 成功シナリ
   の選定         標の設定]        案              オの追究
                                                        ↓
5. 成功シナリ ←  6. 効果      ←  7. 標準化と    ←  8. 反省と
   オの実施        の確認         管理の定着       今後の対応
```

《ポイント》
- ステップ2「攻め所と目標の設定」からは，メンバーで論議しながら進める．
- GDリーダーは，メンバーの主体性や参加度合いに配慮しながら進める．

実施手順① 攻め所の明確化

この手順は，細かく分けると下図のように7つの細部手順に分かれます．(1)〜(7)の細部手順に従って進めます．

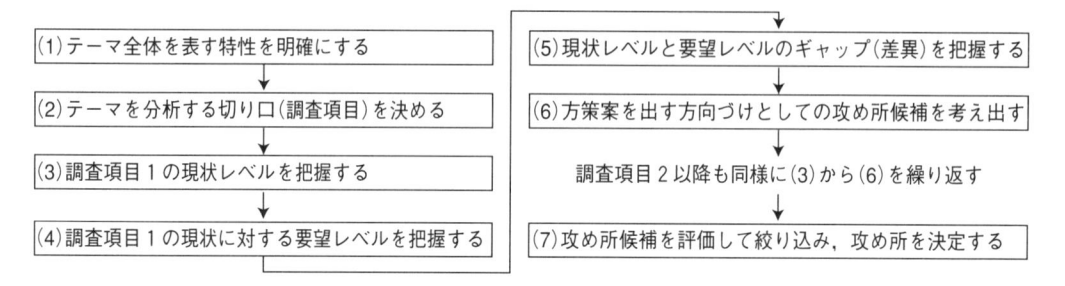

(1) テーマ全体を表す特性を明確にする	(5) 現状レベルと要望レベルのギャップ（差異）を把握する
(2) テーマを分析する切り口（調査項目）を決める	(6) 方策案を出す方向づけとしての攻め所候補を考え出す
(3) 調査項目1の現状レベルを把握する	調査項目2以降も同様に(3)から(6)を繰り返す
(4) 調査項目1の現状に対する要望レベルを把握する	(7) 攻め所候補を評価して絞り込み，攻め所を決定する

「攻め所の明確化」7つの細部手順

（1）テーマ全体を表す特性（全体特性）を明確にする

【テーマの全体特性】(p.63)に記入します．

① 「紙飛行機の何をどうして欲しいといわれているか」から，全体特性を考え，記入する．
② 課題(p.55)の中で条件として示されている要望レベルを記入する．
③ 現状レベルは，調査項目を決めてから全員が自由に選んだ紙と折り方で作り，自由に飛ばした値を現状レベルとして記入する（細部手順(3)項③：p.64参照）．
- 先に全員で飛ばしてみて，それを現状レベルとする方法もあるが，作成した紙飛行機の不具合（問題）を「問題解決の手順で解決する」という方向に進みやすいので，先に調査項目を決めることが大切である．

ステップ2　攻め所と目標の設定　　　ワークシート（4／18）

【テーマの全体特性】

・全体特性

・要望レベル

・現状レベル

注）現状レベルは細部手順（3）項③（p.66）が終わった時点で記入してください．

【調査項目（要素）の選定】

【調査項目ごとの調査・分析】（データや分析に基づいて，明確にする）

| 調査項目1 | |

注）現状レベル，要望レベル，ギャップ，攻め所…をグラフなどを使って明確にする．

現状レベル	
要望レベル	
ギャップ	
攻め所	

（2）テーマを分析する切り口（調査項目）を決める

① 「よく飛ぶ紙飛行機」とは，どのような調査項目（要素）を決めればよいのかを考えて，【調査項目（要素）の選定】（p.63）に記入する．

- 調査項目を思いつかないときや，切り口が定まらないときは，下記の《ポイント》にある「調査項目決定に使用する有効な手法」を参考にする．
- 調査項目は最低でも4つくらいは決める．

《ポイント》
- 調査項目決定に使用する有効な手法には，次のようなものがある．
  ①「4M」，②「7M+E+T」，③「7S」，④「調査項目選定表」，⑤「特性要因図」
- 調査項目は飛ばす前に決める．まずは紙飛行機を飛ばしてみようとなりがちだが，調査項目は4Mの基本的なものから容易に見つかるので，調査項目を決めて，それから紙飛行機を作成するようにする．

（3）調査項目1の「現状レベル」を把握する

【調査項目ごとの調査・分析】の「調査項目1」の欄（p.63）に記入します．

① 現状レベルを調査するために，紙飛行機を自由に作成する．
- 最初の紙飛行機は，各人が3種類の紙を自由に選んで自由に折るが，折れない人にはヒントを与えたり，隣の人の真似をさせてもよい．
- 何機作成してもよいが，何種類も作れる人は少ないので，1人1〜3機種以内が妥当である．このとき，いろいろな形の飛行機が出ると，調査や分析の選択肢が広がり，攻め所が見つけやすくなる．

② 全員の飛行機が完成したら調査項目を確認しながら，飛行場で何回か練習し，飛行距離と飛行時間を測定し，【データ記録表】（p.69）に記入する．
- 測定時には，各人の飛ばし方などをよく観察し，調査項目のデータとして活用するようにする．

③ 各人の一番よいデータ

【データ記録表】の記入例

		グループ名	#5グループ	
		日　時	7月15日（木）15:20	
		実験目的	現状レベルの確認	
No.	測定条件	飛行距離(m) A	飛行時間(秒) B	ポイント数 A×B
1	Aさん作　A4使用　1号機　飛ばした人Aさん	2.5	1.00	2.5
2	Bさん作　A4使用　1号機　飛ばした人Bさん	4.3	2.00	8.6
3	Cさん作　A4使用　1号機　飛ばした人Cさん	8.2	3.21	26.3
4	Dさん作　A4使用　1号機　飛ばした人Dさん	4.8	3.56	17.1
5	Eさん作　A4使用　1号機　飛ばした人Eさん	7.2	2.33	16.8
6	Fさん作　　　　　　　　　飛ばした人Fさん	2.1		3.2
19				
20				
21				
22				

ステップ2　攻め所と目標の設定　　　ワークシート（5／18）

調査項目2

現状レベル	
要望レベル	
ギャップ	
攻め所	

調査項目3

現状レベル	
要望レベル	
ギャップ	
攻め所	

調査項目4

現状レベル	
要望レベル	
ギャップ	
攻め所	

を集計し，グループとしての平均を算出し，このデータを【テーマの全体特性】の現状レベルに記入する（p.63）．

④ 調査項目1について，「観察結果と測定データ」を「調査項目1」の方眼紙（p.63）を用いてグラフ化し，その結果からいえることを現状レベルのデータとして記入する（p.63）．

- データが不足しているときは，同じ紙飛行機を使用し，何回か実験的に飛ばしてデータを収集する．
- このときは，作成者だけではなく，メンバーの中の飛ばし方の上手な人を指名してもよい．

写真5　紙飛行機を飛ばす

《ポイント》
- 飛行時間，飛行距離の測定ルール
  [飛行時間]
  ①デジタル式ストップウォッチで，100分の1秒単位で読み，記録する．
  ②床に落下した時点または壁にぶつかった時点で測定する．
  [飛行距離]
  ①床に取りつけたメジャーで，10cm単位で測定する．
  ②空中を回転して戻ってきても床に落下した位置または壁にぶつかった位置で最前部を測定する．
  ③向こう側の壁にあたったときは，壁までの距離とするが，ローカルルールを決めているときはそれに従う．
- ボーナスポイントはローカルルールに従う（はじめに（2）：p.54参照）．

（4）調査項目1の現状レベルに対する「要望レベル」を把握する

「調査項目1」の欄（p.63）に記入します．

① 現状レベルを把握したら，調査項目1の要望レベルを確認・設定し，記入します．
- 例えば「飛行機の形状」を調査項目1にした場合，要望レベルは課題で示されている「同じ形の紙飛行機」より，「この会場に適した，飛行機1機種に絞る」となる．
- 飛ばし方などのように，実際に飛ばしてみないとわからない項目もあるが，そのときは現状レベルのデータ収集のときに，紙飛行機を飛ばしながら状況を観察し，要望レベルを設定する．

| ステップ2　攻め所と目標の設定 | ワークシート（6／18） |

調査項目5

現状レベル	
要望レベル	
ギャップ	
攻め所	

調査項目6

現状レベル	
要望レベル	
ギャップ	
攻め所	

調査項目7

現状レベル	
要望レベル	
ギャップ	
攻め所	

● ほかのグループの要望レベルを参考にする方法もある．

（5）要望レベルと現状レベルの「差異（ギャップ）」を把握する

「調査項目1」の欄（p.63）に記入します．

① 現状レベルと要望レベルが把握できたら，その差異を算出し，調査項目1にギャップとして記入します．

《ポイント》
● 数値化してから記入する
  ① ギャップを明らかにするためには，数値化する必要がある．
  ② 例えば，「飛行機の形状」の調査項目であれば，要望レベルは「この会場に適した，飛行機1機種に絞る」であり，現状レベルでは各人ばらばらの飛行機を折っているのであれば，「メンバー数の飛行機形状に分かれている」や「x種類の飛行機に分かれている」が現状レベルとなる．したがって，ギャップは「x-1種類」となる．
  ③ 特に現状レベルは，予測や想定ではなく，事実のデータに基づいて把握することが不可欠である．
  ④ 数値化がむずかしい項目では，感覚的に理解しやすい言葉で表現する．

（6）「方策案出しの方向づけ」として調査項目1の攻め所（候補）を考え出す

「調査項目1」の欄（p.63）に記入します．

① 例えば，「飛行機の形状」の調査結果で流線形（名前は勝手にグループでつけてよい）がよく飛んだというデータがあれば，攻め所（候補）として例えば「流線形を参考にして新型を開発する」となる．

② 調査項目2以降について，同様に細部手順（3）から（6）を繰り返す．
  ● 「調査項目2」以降の欄（p.65，67）に記入します．

（7）攻め所（候補）を評価して「攻め所」を決定する

① 調査項目ごとの調査結果を整理するため，「要望レベル」，「現状レベル」，「ギャップ」とその「攻め所」を【攻め所発掘シート】（p.71）にまとめる．

② すべての攻め所を「期待できる効果の大きさ」で評価し，攻め所を全員で決定し，【攻め所発掘シート】に「採」と記入する．
  ● 調査をした過程でのデータや観察結果が少ないと，的確な「攻め所」にたどり着けなくなる．

ステップ2　攻め所と目標の設定　　ワークシート（7／18）

【データ記録表】　　　グループ名（　　　　　　　　　　　　　　　　）
　　　　　　　　　　　日　　時（　　　　　　　　　　　　　　　　）
　　　　　　　　　　　実験目的（　　　　　　　　　　　　　　　　）

No.	測 定 条 件	飛行距離(m) A	飛行時間(秒) B	ポイント A×B
例	Aさん作　A4使用　X号機　飛ばした人Aさん	5.1	1.24	6.3
	同　　　　　　　　　　　　飛ばした人Bさん	2.7	1.88	5.1
1				
2				
3				
4				
5				
6				
7				
8				
9				
10				
11				
12				
13				
14				
15				
16				
17				
18				
19				

【攻め所発掘シート】の記入例

テーマ	調査項目	要望レベル	現状レベル	ギャップ	攻め所(候補)	評価項目			総合評価	採用する攻め所
						ギャップ解消の可能性	職場の強み(弱み)	お客さまの要望(前後工程)		
よく飛ぶ紙飛行機の開発	飛行機の形	最も飛ぶ形1つにする	3種類あり,コンコルド型がよく飛ぶ	2種類多い	コンコルド型を基本にした新型開発	◎	◎	◎	9	採
	飛ばす角度	10m以上飛ぶ角度	角度がバラバラ	一番良い角度が不明						
	使う紙のサイズ									

※テーマの特性／要望レベル／現状レベル／達成レベル

◎：3点(5人以上)　○：2点(3〜4人)　△：1点(2人以下)

実施手順②　目標の設定

(1) 「何を」,「どれだけ」,「いつまでに」を決めて,さらに目標設定の理由を【目標】(p.71)に記入する.
- 目標は「飛行距離」と「飛行時間」に分けて設定してもよいし,「飛行距離×飛行時間」のポイントとして設定してもよい.

(2) 目標値はテーマの特性値を定量的に表現できているかどうかチェックする.
- 要望レベルに対してどのレベルに目標を設定するかはグループの自由だが,なるべく挑戦的な目標を立てること.
- 普通に「10 m × 4秒 =40ポイント」にしてもよいが,飛行場の天井が低く飛行時間が望めないときは,飛行距離を長くして,例えば「15 m × 2.8秒 =42ポイント」を目標にするのもよい.

(3) 次の「方策の立案」以後の【中日程計画書】の作成は省略する.
- 今回のGDのように短期間の活動では省略してもよい.【活動計画】(ステップ1の実施手順⑤：p.61)の見直しが必要であれば修正を加える.

ステップ2　攻め所と目標の設定　　　ワークシート（8／18）

【攻め所発掘シート】

テーマの特性	要望レベル	現状レベル	達成レベル

テーマ	調査項目	要望レベル	現状レベル	ギャップ	攻め所（候補）	評価項目			総合評価	採用する攻め所
						ギャップ解消の可能性	職場の強み（弱み）	お客さまの要望（前後工程）		

評価　◎：5点　○：3点　△：1点

【目　標】

何を	
どれだけ	
いつまでに	

目標設定の理由：

ステップ 3　方策の立案

目標時間 75 分

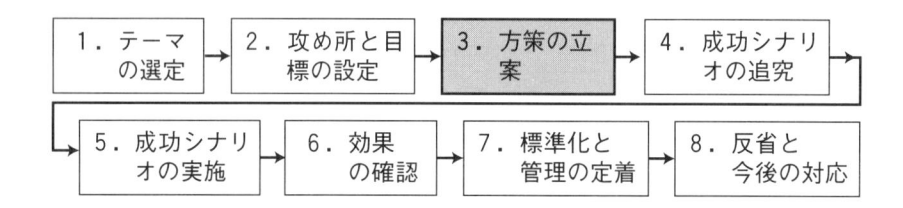

1. テーマの選定 → 2. 攻め所と目標の設定 → **3. 方策の立案** → 4. 成功シナリオの追究 → 5. 成功シナリオの実施 → 6. 効果の確認 → 7. 標準化と管理の定着 → 8. 反省と今後の対応

実施手順①　方策案の列挙

（1）「攻め所の項目」に対応させながら，効果があると思われるアイデアをできるだけ多く出し，系統マトリックス図（【方策案効果評価表】の左部分：p.73）にまとめる．

（2）アイデア出しは発想を転換して幅広く行うようにする．例えば，飛行機形状の場合に単なる寸法変更ではなく，"翼端を折り曲げる"などの発想を入れるとよい．

実施手順②　方策案の絞り込み

（1）出された方策案の効果を予測し【方策案効果評価表】（p.73）に記入する．

（2）具体的な効果を予測するため，効果が大きいと思われる紙飛行機を実験的に作り，何回か飛ばしてそのデータをとり，方策案の効果を予測する方法もある．

【方策案効果評価表】の記入例

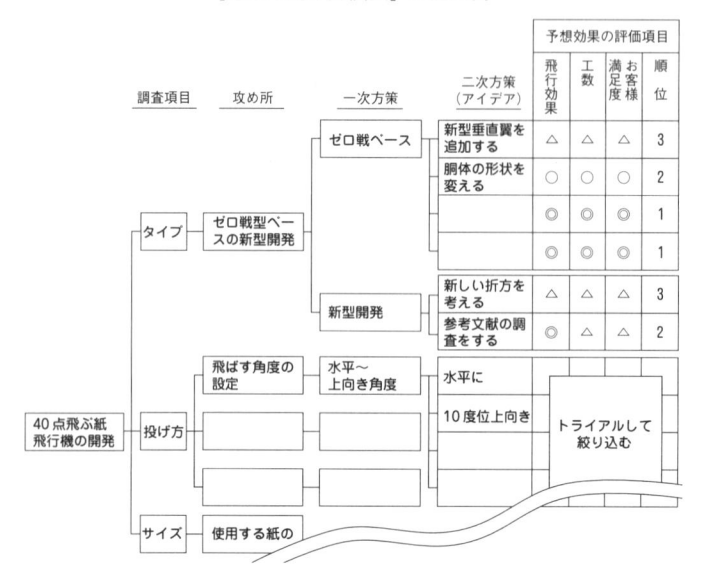

調査項目	攻め所	一次方策	二次方策（アイデア）	飛行効果	工数	お客様満足度	順位
40点飛ぶ紙飛行機の開発	タイプ	ゼロ戦型ベースの新型開発	ゼロ戦ベース：新型垂直翼を追加する	△	△	△	3
			胴体の形状を変える	○	○	○	2
				◎	◎	◎	1
				◎	◎	◎	1
		新型開発	新しい折方を考える	△	△	△	3
			参考文献の調査をする	◎	△	△	2
	投げ方	飛ばす角度の設定	水平〜上向き角度：水平に	トライアルして絞り込む			
			10度位上向き				
	サイズ	使用する紙の					

ステップ3　方策の立案　　ワークシート（9／18）

方策の列挙と予想効果の把握
【方策案効果評価表】
（系統マトリックス図にまとめる）

【運営ルール】

調査項目	攻め所	一次方策	二次方策	予想効果の評価項目			
				飛行効果	コスト（工数）	お客様満足度	順位

(3) よく飛ぶ紙飛行機でも，飛ばし方が悪いと飛ばないこともある．グループの中には飛ばし方の上手な人もいるので，下記のデータ記録表の例のように，よく飛ぶ人の飛ばし方を観察し，メンバー全員がその飛ばし方を習熟する方法もある．

(注) データの記録は【データ記録表】(p.75)を使用します．

【データ記録表】の記入例

		グループ名	#5グループ	
		日　時	7月15日（木）15：20	
		実験目的	紙飛行機の形状確認	
No.	測定条件	飛行距離(m) A	飛行時間(秒) B	ポイント A×B
1	Aさん作　A4使用　1号機　飛ばした人Aさん	3.8	1.00	3.8
2	Bさん作　A4使用　2号機　飛ばした人Aさん	5.1	1.24	6.3
3	Cさん作　A4使用　3号機　飛ばした人Aさん	11.5	4.52	52.0
4	Dさん作　A4使用　1号機　飛ばした人Aさん	6.5	4.81	31.3
5	Eさん作　A4使用　1号機　飛ばした人Aさん	8.4	3.62	30.4
6	Fさん作　　　　　　　　飛ばした人Aさん	2.1		26.3
19				
20				
21				
22				

写真6　熱のこもったグループ討議

ステップ3　方策の立案　　　　　　ワークシート（10／18）

【データ記録表】
　　　　　　　　グループ名（　　　　　　　　　　　　　　）
　　　　　　　　日　　時（　　　　　　　　　　　　　　　）
　　　　　　　　実験目的（　　　　　　　　　　　　　　　）

NO.	測定条件	飛行距離(m) A	飛行時間(秒) B	ポイント A×B
1				
2				
3				
4				
5				
6				
7				
8				
9				
10				
11				
12				
13				
14				
15				
16				
17				
18				
19				
20				
21				
22				

ステップ4　成功シナリオの追究

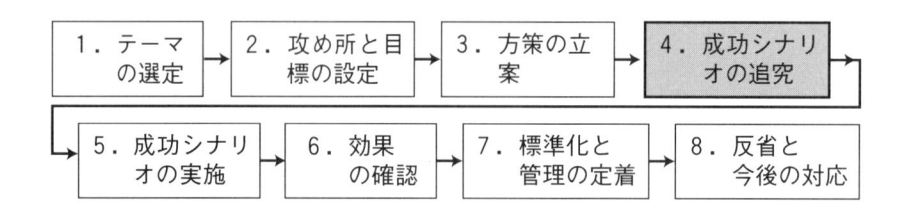

目標時間60分

```
1. テーマ   →  2. 攻め所と目  →  3. 方策の立  →  4. 成功シナリ
   の選定         標の設定          案                オの追究
                                                        ↓
5. 成功シナリ →  6. 効果      →  7. 標準化と   →  8. 反省と
   オの実施        の確認          管理の定着        今後の対応
```

実施手順①　シナリオの検討

（1）予想効果の大きい方策案を抜き出し，それらを組み合わせた成功シナリオ候補をいくつかにまとめ【シナリオ案】(p.77) に記入する．

実施手順②　期待効果の把握

（1）各シナリオの折り方，飛ばし方で実際に飛ばしてみて，効果を確認し，そのレベルを【シナリオ案】の期待効果欄（p.77）に記入する．

（2）目標に程遠いデータしか得られないシナリオ案（紙飛行機）は早めにあきらめるようにする．

実施手順③　障害の予測と排除

（1）期待効果の大きいシナリオ案に対して，障害や副作用を予測し，排除策も検討して【障害排除検討表】(p.77) に記入する．

【障害排除検討表】の記入例

区分	内容	障害を排除するアイデア	実現性				排除の可能性の判定
			経費	工数	技術力	期間	
障害	空調の風のために飛行機が安定しない	① 空調を止める	◎	◎	◎	◎	可
		② 空調の影響のない所で飛ばす	◎	○	○	○	可
総合評価	① 案がベストだが，建物全体の空調も止まるので不採用 ② 案でも排除できるので，シナリオは問題ない		判定				シナリオ案を ・採用 ・不採用

ステップ4　成功シナリオの追究　　　ワークシート（11／18）

【シナリオ案】

＜シナリオ案①＞	＜シナリオ案②＞
期待効果：	期待効果：

【障害排除検討表】

区分	内 容	障害・副作用を排除するアイデア	実 現 性				排除の可能性判定
			経費	工数	技術力	期間	
障害							
副作用							
総合評価				判 定		シナリオを・採用・不採用	

【成功シナリオ】

- 期待効果を把握する段階で，その紙飛行機は飛ぶのか飛ばないのかが判定できるので，実施手順①，②，③は同時進行的に進めるのが普通である．
- 目標が達成されそうだという確信を得るまで実験を繰り返す．
- このとき，自分の案が一番よいと思い込み，なかなか他人のアイデアに乗れないメンバーや，飛ばすことに熱中してデータをとり忘れるメンバーが出てくるので注意が必要である．

実施手順④　　成功シナリオの選定

（1）シナリオ案の中からデータの裏付けも含めて総合判断し，全員の合意のもとに成功シナリオを決定し，【成功シナリオ】（p.77）に記入する．

（2）決定した成功シナリオの紙飛行機は誰でも同じに折れるように，折り方の手順書を作成し，【作成手順】（p.79）に記入する．

ステップ4　成功シナリオの追究　　　　ワークシート（12／18）

【作成手順】

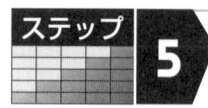

| ステップ | 5 | 成功シナリオの実施 | 目標時間60分 |

1. テーマの選定 → 2. 攻め所と目標の設定 → 3. 方策の立案 → 4. 成功シナリオの追究 → 5. 成功シナリオの実施 → 6. 効果の確認 → 7. 標準化と管理の定着 → 8. 反省と今後の対応

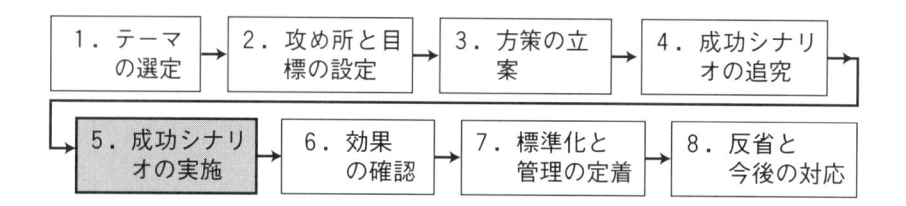

実施手順① 実行計画の作成

（1）成功シナリオを実施するための【成功シナリオ実行計画】（p.81）を作成する．
- 5W1Hを明確にし，日程計画表（ガントチャートやアロー・ダイアグラム）などにまとめてもよい．

【成功シナリオ実行計画】の記入例

実施項目 （何を）	目的 （なぜ）	内容 （どうする）	担当 （誰が）	日程 （いつ）	場所 （どこで）
1．試作図	形の確定	作成する	田村	10：30迄に	GD室で
2．手順書	折り方・飛ばし方の標準化	作成する	木村	11：00迄に	GD室で
3．グループへ展開	折り方・飛ばし方の共有化	教育する	伊藤	11：00迄に	GD室で
4．習熟訓練	折り方・飛ばし方の習熟	訓練する	片野	11：50迄に	GD室・飛行場
5．効果の確認	目標達成の確認	最終飛行	全員	13：40迄に	飛行場で

実施手順② 成功シナリオの実施

（1）決定した成功シナリオの紙飛行機を【作成手順】（p.79）に従って，全員で1人1機ずつ作成する．

（2）各自が自分の作成した飛行機を成功シナリオで決めた飛ばし方で，1人2回飛ばして【成功シナリオデータ集計表】（p.83）に記入し，よい方のデータを最終個人記録とする．

ステップ5　成功シナリオの実施　　　ワークシート（13／18）

【成功シナリオ実行計画】

実施項目 （何を）	目　的 （なぜ）	内　容 （どうする）	担　当 （誰が）	日　程 （いつ）	場　所 （どこで）

【成功シナリオの実施】

・成功シナリオの作成方法で全員が飛行機を作成し，成功シナリオデータを取得した．

【副作用排除検討表】

区分	内　容	障害・副作用を排除する アイデア	実　現　性				排除の 可能性 判定
			経費	工数	技術力	期間	
障害							
副作用							
総合評価				判　定			シナリオを ・採用 ・不採用

【成功シナリオデータ集計表】の記入例

	氏　名	飛行距離 (m)		飛行時間 (秒)	ポイント数 (A×B)	
				グループ名	＃5グループ	
				日　時	7月15日（木）15：20	
	鈴木　一郎	1	8.1	2.26	18.3	20.8
		2	7.9	2.63	20.8	
	藤沢　次郎	1	14.2	5.65	80.2	80.2
		2	13.7	4.82	66.0	
	山口　桃江	1	10.3	3.82	39.3	
		2	11.3			
	グループの合計点					
	グループの平均点					

（3）成功シナリオに対して，手を打った以外の副作用が発生したときに対応し，【副作用排除検討表】（p.81）に記入する．

　● 副作用がなければ実施しなくてもよい．

（4）副作用を排除した後に成功シナリオのデータをとり直し，【成功シナリオデータ集計表】（p.83）に記入する．

　● 新たな副作用がなければこの手順は省略する．

ステップ5　成功シナリオの実施　　　ワークシート（14／18）

【成功シナリオデータ集計表】　グループ名（　　　　　　　　　　　　　）
　　　　　　　　　　　　　　　　日　時（　　　　　　　　　　　　　　）

氏　名	飛行距離（m）	飛行時間（秒）	ポイント数（A×B）	
（例）鈴木一郎	8.1	2.26	18.3	20.8
	7.9	2.63	20.8	
グループの合計点				
グループの平均点				

ステップ 6 効果の確認

目標時間 30 分

```
1. テーマ  →  2. 攻め所と目  →  3. 方策の立  →  4. 成功シナリ
  の選定       標の設定         案            オの追究
                                              ↓
5. 成功シナリ  →  6. 効果   →  7. 標準化と    →  8. 反省と
  オの実施        の確認       管理の定着         今後の対応
```

実施手順① 有形効果の把握

（1）成功シナリオの「効果の確認」をする．メンバーの個人得点からグループ平均を算出して「実施結果」とし，最初に測定した「現状レベル」と比較するグラフを【効果の確認（目標値と比較する）】(p.85) に作成する．

- 「現状レベル」と「実施結果」の差を向上分として表示する．

（2）「目標値」と「実施結果」を比較し，目標達成率を【効果の確認（目標値と比較する）】(p.85) に記入する．

- 「飛行距離」と「飛行時間」に分けている場合は2つのグラフを作成し，「飛行距離×飛行時間」のポイントを目標にした場合は1つのグラフにする．

【効果の確認】の記入例

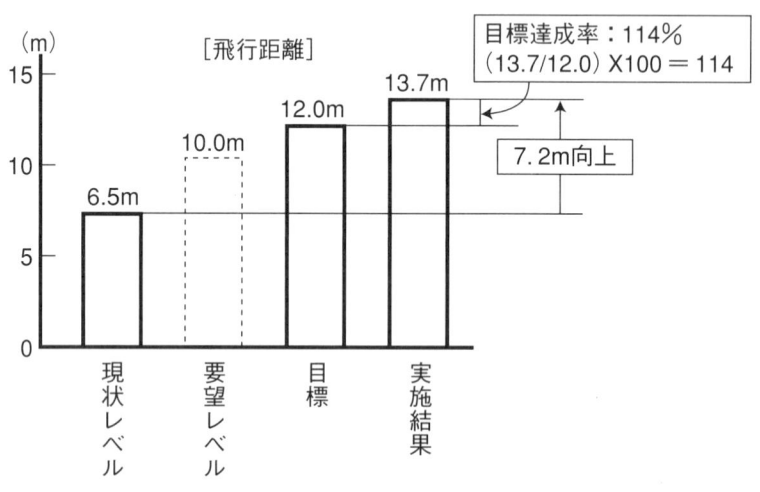

[飛行距離]

- 現状レベル: 6.5m
- 要望レベル: 10.0m
- 目標: 12.0m
- 実施結果: 13.7m

目標達成率：114%
(13.7/12.0)×100 = 114

7.2m向上

実施手順② 無形効果の把握

（1）無形効果を把握し，【無形効果の把握】(p.85) に記入する．

ステップ6　効果の確認　　ワークシート（15／18）

【効果の確認】（目標値と比較する）

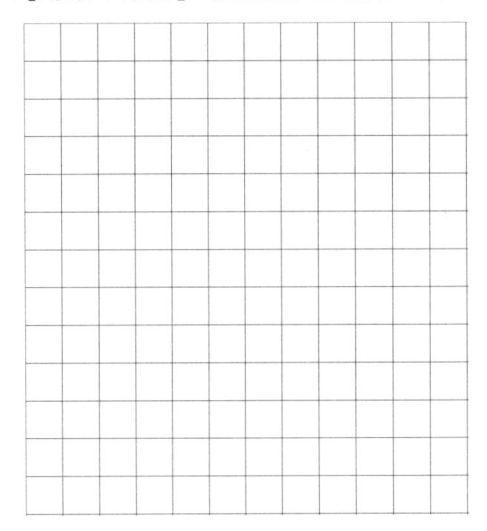

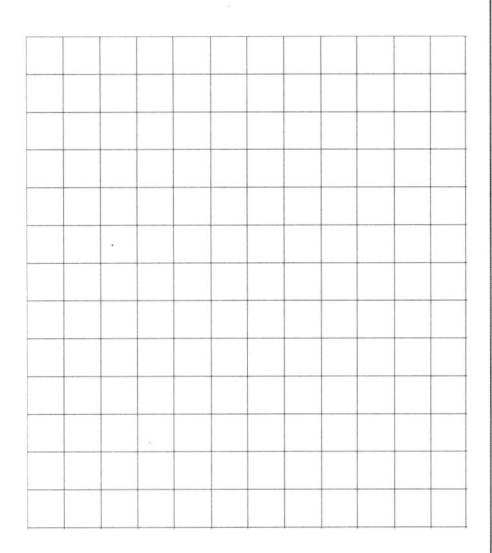

① _____
② _____
③ _____
④ _____
⑤ _____

【無形効果の把握】
① _____
② _____
③ _____
④ _____
⑤ _____

ステップ 7 標準化と管理の定着

目標時間30分

1. テーマの選定 → 2. 攻め所と目標の設定 → 3. 方策の立案 → 4. 成功シナリオの追究 → 5. 成功シナリオの実施 → 6. 効果の確認 → **7. 標準化と管理の定着** → 8. 反省と今後の対応

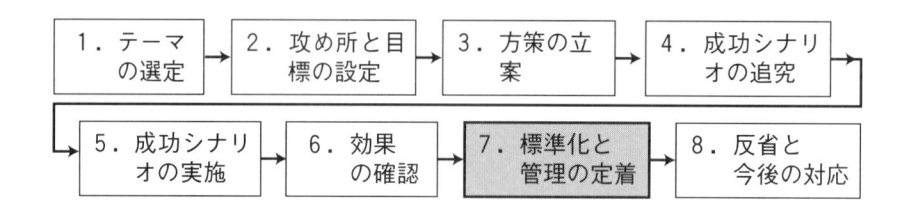

実施手順① 標準化

（1）次回またこのようなイベントが企画されたときにも活用できるように，折り方の手順書やマニュアル，基準などにまとめる．その内容を【標準化と管理の定着】（p.87）に記入する．

- この研修では，作成手順をステップ4の実施手順④（p.78）で作成しているので，その他の標準類の作成を検討する．

実施手順② 周知徹底

（1）イベントの実施時期に合わせ，関係者が新しいマニュアルで実施できるように，教育・訓練計画を立て，【標準化と管理の定着】（p.87）に記入する．

- この研修では，グループ以外の関係者への訓練は省略とする．

実施手順③ 管理の定着

（1）次回以降のイベントでも新しい標準が確実に守られ，効果が持続していることをデータで確認できる方法を考え，【標準化と管理の定着】（p.87）に記入する．

- この研修では確認できないので，データでの確認は省略する．

ステップ7　標準化と管理の定着　　ワークシート（16／18）

【標準化と管理の定着】

実施項目 （何を）	目　的 （なぜ）	内　容 （どうする）	担　当 （誰が）	日　程 （いつ）	場　所 （どこで）

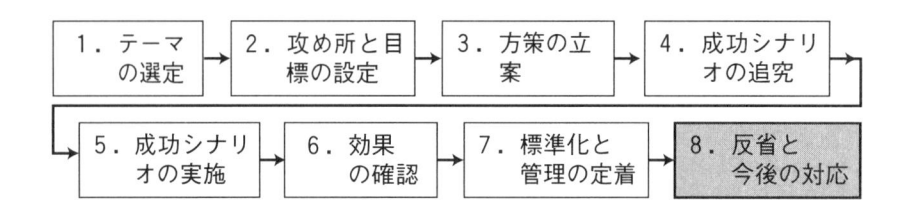

ステップ 8 反省と今後の対応

目標時間20分

1．テーマの選定 → 2．攻め所と目標の設定 → 3．方策の立案 → 4．成功シナリオの追究 → 5．成功シナリオの実施 → 6．効果の確認 → 7．標準化と管理の定着 → 8．反省と今後の対応

実施手順①　活動の反省

（1）今回の紙飛行機ゲームを通じた課題達成研修がどれくらい理解できたか，グループとしての達成感はあったかなどを振り返り，リーダーが意見をまとめて【反省と今後の抱負】の〈総合判断〉(p.89) に記入する．

（2）メンバーは，同様に個人としての振り返り結果を【反省と今後の抱負】(p.89) に一人ずつ記入する．

実施手順②　今後の計画の作成

（1）メンバーは今回の研修結果を今後どう活かすかなどの抱負を，リーダーは今後の計画をまとめ，【反省と今後の抱負】の〈今後の計画〉(p.89) に記入する．

ステップ 8　反省と今後の対応　　ワークシート (17／18)

【反省と今後の抱負】

〈総合判断〉

メンバー名	振り返り（感想）	今後の抱負

〈今後の計画〉

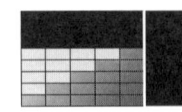

GDのまとめと発表

目標時間90分

ゲーム研修全体の資料をまとめ，グループで確認し，必要に応じて上司に報告します．

（1）GDのとき作成した資料による経過と結果を確認する．
- GDまとめ資料を作成，あるいは修正・清書する．
- 疑問点や理解不十分な点があれば，グループ内で論議する．

（2）班メンバー全員が「一人一言」感想を述べる．
- 研修で学んだことやそれをどう活かそうとしているかなど，一人ひとりが感想と決意を述べ合う．

（3）アドバイザーは【講評書】（p.91）を作成し，講評を行う（アドバイザーがいる場合）．
- 研修ゲームを通じて感じた，「よかったところ」や「今後に活かして欲しい点」を講評してもらう．

GDのまとめと発表　　　　ワークシート（18 ／ 18）

【講評書】

〈全体を通して〉

〈よかった点〉

〈今後に活かして欲しい点〉

引用・参考文献

1）佐藤充一：『図解問題解決入門』，ダイヤモンド社，p.81，1987年．

2）久芳憲治：「車両荷室容量測定工数の大幅低減」，『第3780回QCサークル神奈川地区25周年記念大会要旨集』，QCサークル神奈川地区，pp.20〜25，1997年．

3）酒井圭一：「A／Tシフトレバー人間工学評価方法の改善」，『第3866回QCサークル課題達成躍進大会要旨集』，QCサークル神奈川地，pp.27〜32，1998年．

4）研修会行事委員会編：「課題達成活動の手順と紙飛行機ゲーム」，『第27回QCサークルリーダー研修会テキスト』，QCサークル神奈川地区，pp.4〜25，1999年

5）綾野克俊（監修），QCサークル神奈川地区課題達成活動研究会（編）：『課題達成実践マニュアル』，日科技連出版社，1997年．

6）狩野紀昭（監修），新田充（編）：『QCサークルのための課題達成型QCストーリー（改訂第三版）』，日科技連出版社，1999年．

7）狩野紀昭（編著），日科技連QIP研究会（編）：『現状打破・創造への道』，日科技連出版社，1997年．

8）今泉益正（監修），杉浦忠，金子憲治，山田佳明，櫻田隆：『QCサークルのための研修ゲーム入門』，日科技連出版社，1993年．

索 引

(【 】：ワークシートを示す／別：「別冊」のページを示す)

[ア 行]

アイデア発掘手順チャート	28
逸脱問題	6, 7
【運営ルール】	56, 57

[カ 行]

解決	6
会場確認	別 21
会場選定	別 18
会場の確保と設営	51
改善アプローチの種類	8
改善問題	7
開発問題	7
回避問題	7
課題	6
課題達成	6, 9
課題達成研修会アンケート用紙	別 15
課題達成研修会講師選任基準	別 33
課題達成研修会におけるスタッフの役割の概要	別 4
課題達成研修会の概要	別 2
課題達成研修会の企画・運営	別 2
課題達成誕生の背景	5
課題達成適用事例	37
課題達成導入時の留意点	別 13
課題達成と問題解決の手順の比較	18
課題達成の学習方法	別 14
課題達成の基礎	3
課題達成の実施手順	18
課題達成のステップ	18
課題達成の適用分野	9, 10
課題達成の適用領域	9
課題達成の手順	17, 18
——の特徴	19
課題達成の特徴	13
課題達成の必要性	4
課題達成の留意点	13, 14
活動計画	23, 39
【活動計画】	60, 61
——の記入例	60
——の作成	23, 39, 60
活動の反省	35, 88
——まとめ	36
活動振り返り表	35
神奈川地区課題達成研修会の講師が備えるべき経験	別 33
神奈川地区における講師選任方法	別 34
紙飛行機ゲームの時間配分	50
管理の定着	34, 86
企画立案	別 17
既存業務の現状打破	10
期待効果の把握	76
期待効果の予測	31, 42
ギャップ	24, 68
強化問題	7
教材等の準備	別 8
原因志向型	7

研修会後のまとめ	別8	今後の計画の作成	35, 88
研修会事前準備と事後まとめの全体像	別5		
研修会実施項目の要素	別3	[サ 行]	
研修会主催者と受講者との関係	別3	【作成手順】	78, 79, 80
研修会スタッフ	別3	自己紹介	54
研修会全体の構成（2日間研修の場合）	別9	自己診断チェックリスト	別33, 別34
研修会全体の進め方	別10	事後まとめ	別25
研修会での実施責任者・事務局の役割	別10	実行計画書	32
研修会当日	別21	実行計画の作成	32, 43, 80
——のGD講師の役割	別29	GD結果の発表と講評	別31
——の主任講師の役割	別22	GD講師指導ポイントの作成	別19
研修会の基本項目	別2	GD講師指導ポイントの例	別26
研修会の構成	別8	GD講師選任	別19
研修会の事前準備と事後まとめ	別5, 別16	GD講師についての準備	別7
研修会の進め方	別8	GD講師の心構え	別28
——と役割	別8	——と役割	別28
研修会のねらい	別2	GD講師の役割	別29
研修ゲーム（GD）	別24	GD講師勉強会	別19
【研修ゲームの課題】	54, 55, 60	GD講師勉強会のプログラム例	別20
研修ゲームの課題とルール	55	GD講師マニュアル	別28
——の説明	54	GD実施上の留意点	別11
研修ゲーム（GD）の指導	別29	GDに入る準備	別30
研修ゲームのスケジュール	50	GDによる研修ゲーム	53, 別30
研修ゲームの進め方	51, 52, 別11	GDの時間配分例	別12
研修ゲームのねらい	50	GDの説明	別29
研修ゲームをうまく進めるには	49	GDのまとめと発表	90
研修ゲームを始めるにあたって	49	【シナリオ案】	76, 77
研修のコンセンサス	56	シナリオの検討	30, 41, 76
研修まとめ	別25	周知徹底	34, 86
現状レベル	24, 64	受講者についての準備	別7
効果の確認	33, 44, 84	主任講師選任	別17
【効果の確認】	84, 85	主任講師の主な役割	別17
——の記入例	84	主任講師の心構え	別16
講義	別21	——と役割	別16
【講評書】	90, 91	主任講師の役割	別16

主任講師マニュアル	別16	——を問題解決で取り組んだほうがよい場合	12
準備するもの	別9	近い将来の課題の先取り	10
障害の予測	31	中日程計画書	27
——と排除	42	【調査項目ごとの調査・分析】	63, 64
障害排除検討表	31	調査項目の選定と調査計画	40
【障害排除検討表】	76, 77	【調査項目(要素)の選定】	63, 64
——の記入例	76	テキスト作成	別21
新規業務への対応	9	手順確認チャート	22
新規の創造	10, 11	【手順確認チャート】	59, 60
【成功シナリオ】	77, 78	手順の選択	22, 38, 60
【成功シナリオ実行計画】	80, 81	【データ記録表】	64, 69, 75
——の記入例	80	——の記入例	64, 74
【成功シナリオデータ集計表】	80, 82, 83	テーマ選定理由の明確化	23, 38, 39, 60
——の記入例	82	【テーマの全体特性】	62, 63, 66
成功シナリオの実施	32, 43, 80	テーマの選定	20, 37, 58
【成功シナリオの実施】	81	【テーマの選定理由】	60, 61
成功シナリオの選定	31, 42, 78	【テーマ名の決定】	60
成功シナリオの追究	30, 41, 76	テーマ名の決定	61
成長目標チャート	23	テーマ名のつけ方	23
設計的アプローチ	8, 9	導入ゲーム	別23, 別29
設定型問題	7		
攻め所	24	[ナ 行]	
攻め所と目標の設定	24, 39, 62		
攻め所の明確化	24, 39, 62	7S	25
——7つの細部手順	62	7M+E+T	25
——の細部手順	24		
攻め所発掘シート	25, 26, 40	[ハ 行]	
【攻め所発掘シート】	68, 71		
全体計画の立案	別5	はじめに	54
		発生型問題	6, 7
[タ 行]		——でも課題達成で取り組んだほうがよい場合	11
大日程計画書	23	発想の転換	10, 11
達成	6	発表の時間配分(例)	別32
探索型問題	7		

反省と今後の対応	35, 45, 88	魅力的品質の創造	10
【反省と今後の抱負】	88, 89	無形効果の把握	33, 84
飛行場	51, 別6	【無形効果の把握】	84, 85
必要な器材	51	【目標】	70, 71
標準化	34, 86	目標志向型	7
――と管理の定着	34, 45, 86	目標の設定	26, 41, 70
――と管理の定着の実行計画	34	問題	6
【標準化と管理の定着】	86, 87	問題解決	6, 9
【副作用排除検討表】	81	【問題・課題絞り込み評価表】	58, 59
分析的アプローチ	8, 9	――の記入例	58
方策案効果評価表	29	問題・課題選定シート	21
【方策案効果評価表】	72, 73	問題・課題の洗い出し	20, 37, 58
――の記入例	72	問題・課題の絞り込み	21, 37, 38, 58
方策案の具体化	30	問題・課題発掘チェックリスト	20, 21
方策案の絞り込み	29, 41, 72	問題の種類	6
方策案の列挙	28, 41, 72		
――と評価	29, 41	［ヤ 行］	
方策の立案	28, 41, 72		
		役割分担	54
［マ 行］		【役割分担表】	54, 57
		有形効果の把握	33, 84
未達問題	7	要望レベル	24, 66

〈監修者・執筆者紹介（五十音順）〉

綾野　克俊（あやの　かつとし）
　1949 年生まれ
　現在　東海大学政治経済学部経営学科教授

伊澤　彰夫（いざわ　あきお）
　1937 年生まれ
　元　(株)資生堂鎌倉工場　技術部長

及川　良治（おいかわ　よしはる）
　1950 年生まれ
　現在　ユニプレス(株)品質保証部　部長

片倉　紀夫（かたくら　みちお）
　1939 年生まれ
　元　日産自動車(株)生産技術本部管理部人事課

近藤　外志男（こんどう　としお）
　1937 年生まれ
　現在　EMS 研究所　所長（元　(株)日立製作所ストレージシステム事業部 MI 推進センタ事務局長）

藤田　宰（ふじた　おさむ）
　1941 年生まれ
　現在　日本アイ・ビー・エム(株)藤沢事業所業務改革推進副部長

山上　隆男（やまがみ　たかお）
　1946 年生まれ
　現在　日産自動車(株)お客様サービス本部品質保証部　技術主管

課題達成研修マニュアル

2000 年 3 月 27 日　第 1 刷発行

　　　　監　修　綾　野　克　俊
　　　　編　者　QC サークル神奈川地区
　　　　　　　　課題達成活動研究会
　　　　発行人　塀　和　輝　英

|検印省略|

発行所　株式会社 日科技連出版社
〒151-0051　東京都渋谷区千駄ケ谷 5-4-2
電　話　出版 03-5379-1244〜5
　　　　営業 03-5379-1238〜9
振替口座　東京　00170-1-7309

印　刷　㈱三　秀　舎
製　本　㈱小実製本印刷工場

Printed in Japan

©Katsutoshi Ayano et al.　2000
ISBN4-8171-0480-5
URL http://www.juse-p.co.jp/

日科技連「課題達成型 QC ストーリー」ライブラリー

QC サークル向け

課題達成実践マニュアル

- ●綾野克俊［監修］
- ●QC サークル神奈川地区課題達成活動研究会［編］
- ●定価（本体 2,500 円＋税）

　本書は，創造的アプローチの方法として最近注目されている「課題達成活動」を具体的にかつ実践に則って解説したマニュアルです．各ステップで活用できるチャートやシート類とともに，課題達成七つ道具（K7）の提案をはじめ，製造，技術，間接（事務・販売・サービス・工場間接）の3部門における進め方のポイントを事例をもとにやさしく解説しています．

QC サークルのための
課題達成型 QC ストーリー
改訂第3版
- ●狩野紀昭［監修］
- ●新田 充［編］
- ●定価（本体 1,900 円＋税）

課題達成型 QC ストーリー活用事例集
——QC サークルの新しい挑戦——
- ●狩野紀昭［監修］
- ●八丹正義／市川享司／国分正義［編］
- ●定価（本体 2,400 円＋税）

QC サークルのための
課題達成型 QC ストーリーに役立つ手法
- ●狩野紀昭［監修］
- ●八丹正義／高渕泰治／国分正義［著］
- ●定価（本体 2,200 円＋税）

マネジメント向け

現状打破・創造への道
——マネジメントのための課題達成型 QC ストーリー——
- ●狩野紀昭［編著］
- ●日科技連 QIP 研究会［編］
- ●定価（本体 2,800 円＋税）

★お求めは最寄りの書店または小社営業部☎ 03（5379）1238，FAX 03（3356）3419 へ直接ご注文ください．定価は本体価格に別に税が加算されます．本体価格は 2000 年 3 月現在のものです．
URL http://www.juse-p.co.jp/

● 日科技連出版社

こんなにやさしい
アイデア発想法
──自分が変わる仕事が変わる──

● 杉浦　　忠　　羽田源太郎
　 飯田　庄三　　原田　　亨
　 齋藤　光明　　松田　曉子
　 志賀　恵二　　松村　高嗣
　 中野　　至　　山田　佳明［編著］
● 定価（本体 1,800 円＋税）

「アイデア発想はむずかしい？」
　もしそう思っているのなら，いつまでたっても何も変わりません．世に多くあるアイデア発想法も，その原理・原則はいたってシンプルなのです．
　本書は，日常職場などで気軽に活用でき，しかも効果の大きい代表的な 17 のアイデア発想法を，〈すぐに使える〉という観点からまとめてあります．
　まずは本書の手順に沿って一回やってみてください．
「案外やさしい」→「結構たのしい」→「もっとやりたい」
となればしめたものです．
　数を重ねるたびに自然とコツが身につきます．そしてアイデア発想のエキスパートとして，そのたのしさを職場のみなさんに伝えてください．

★お求めは最寄りの書店または小社営業部☎ 03（5379）1238，FAX 03（3356）3419 へ直接ご注文ください．定価は本体価格に別に税が加算されます．本体価格は 2000 年 3 月現在のものです．
URL http://www.juse-p.co.jp/

● 日科技連出版社

アイデア発想の決定版　絶賛発売中！

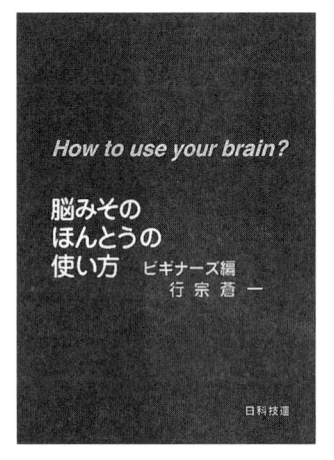

脳みそのほんとうの使い方
―― ビギナーズ編 ――

- 行宗　蒼一［著］
- 定価（本体1,400円＋税）

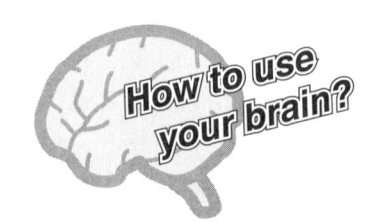

　人間の記憶力は20歳を過ぎるとどんどん低下していきます．しかし創造力は，それらの記憶を自由自在に組み合わせることで，死ぬまでアップしていくといわれています．ただしそれは努力した場合であって，積極的な努力を怠れば脳細胞は働きを失い，創造力は限りなくゼロに近づいてしまうことでしょう．

　では，どうすればいいのでしょうか？

　本書では，第Ⅰ部で脳の構造や活用法をわかりやすく解説したあと，第Ⅱ部ではざまざまな生活の場面で楽しむ脳みそ面白トレーニングを紹介しています．まずは気軽に挑戦してみてください．おもしろ楽しく読み進むうちに，きっとあなたの脳みそは人間本来のみずみずしい創造力を取り戻すことでしょう．

　今，企業が求めているのは記憶力つまり知識のある人ではありません．学歴や資格にかかわりなく，それは創造力つまり'知恵'を持った人たちなのです．

　いやビジネスマンに限りません．中高生や大学生あるいは主婦のみなさん，これから生涯学習を目指すあなたにとっても，楽しく豊かな脳みその使い方は，人間としての必修科目なのですよっ！！

★お求めは最寄りの書店または小社営業部☎03（5379）1238，FAX 03（3356）3419へ直接ご注文ください．定価は本体価格に別に税が加算されます．本体価格は2000年3月現在のものです．
URL http://www.juse-p.co.jp/

● 日科技連出版社

課題達成研修マニュアル

別冊

「課題達成研修会」企画・運営者のマニュアル

第1章　　課題達成研修会の企画・運営 ……2
第2章　　主任講師マニュアル ……………16
第3章　　GD講師マニュアル ………………28
参考資料　課題達成研修会講師選任基準 ……33

第1章　課題達成研修会の企画・運営

1.1　課題達成研修会の概要

　本書が提唱する課題達成研修会は，講義と質疑を中心とした課題達成の基礎知識の系統的学習と，「よく飛ぶ紙飛行機を開発する研修ゲーム」を通じた体験学習の2本柱で構成している．

1.1.1　研修会のねらい

　本書で提唱する課題達成研修会のねらいを一言でいえば，講師や受講者同士の交流を通じて，課題達成を正しく理解することにある．

　課題達成を導入・実践するには，企業幹部をはじめとして，管理者，スタッフから第一線の職場にいたるまで，課題達成を正しく理解することが必要だが，そのやり方として個人学習，OJT教育，研修会などがある．図書などにより自ら率先して行う個人学習，具体的問題点を取り上げて実践的に行うOJT教育などが大切なことはいうまでもない．

　一方，新しく登場した課題達成の基礎的考え方や具体的進め方を系統的に学習するOff-JT教育，つまり研修会も重要な位置づけにある．とりわけ，課題達成は開発後日が浅く，普及途上のせいもあり，いくつかの誤解を持ったまま推移しているのを見るとき，研修会による系統的指導の必要性が痛感される．各種の研修会で，課題達成の導入と勉強方法に関する質問が多いので，導入時の留意点を**資料1.1**（「別冊」：p.13）に，学習方法を**資料1.2**（「別冊」：p.14）に示しておく．

　研修会にはいろいろなやり方があるが，ややもすると講師が講義し，受講者は専ら聞くという一方通行的な教育に陥りがちである．講師の一方的な知識注入だけでは，高い教育効果を望むことは無理であろう．受講者自身が考え，体験し，受講者同士の討論を通じて，受身の姿勢ではなく，教育の場における主役として積極的に学びとる教育にすることがぜひとも必要である．そのためには，そのねらいに合致したカリキュラムを組まなければならない．

　研修の核となる体験学習ではグループディスカッション（GD）を重視し，受講者同士の討論の過程で課題達成をより実践的に理解できるように考慮してある．

　さらに，各グループに指導講師（GD講師）をつけ，誤った討論へ進まないように軌道修正と方向づけをすることにしている．これらによって，「聞く」，「目で見る」，「体を動かす」，「話す」，「手で書く」という研修の5段階を無意識のうちに体験できるように工夫したものである．

1.1.2　研修会の基本項目

（1）受講者

　課題達成を正しく理解したいと考える人．業種，職種，職位を限定しない．いろいろな業種，職種の人が混在していてもよい（むしろ望ましい）が，同一グループ内では職位の階層差は少ないほうがよい．

（2）開催単位

　本書では社内研修会を前提として説明するが，関連会社数社の合同研修会や，ある団体が受

写真1　QCサークル神奈川地区リーダー研修会の全体講議

講者を一般に募集して行う研修会であっても応用できる（写真1）．

（3）日　程

各企業・団体の都合や受講者のレベルにもよるが，ゲーム形式の演習を取り入れているため，少なくとも2日は確保したい．よりていねいにやるなら3日以上が望ましい．本書では2日コースで説明する．

（4）内　容

研修会実施項目の概要を，**表1.1**に示す．

表1.1　研修会実施項目の概要

No.	項　目		ねらい	備　考
1	開会あいさつ オリエンテーション		研修会実施責任者のあいさつ　研修会全般の連絡事項，注意事項などの説明	
2	講義「課題達成の基礎と手順」		課題達成の考え方や進め方など基本の講義と質疑	主任講師による解説
3	導入ゲーム		受講者同士の相互理解	主任講師による解説・指導
4	研修ゲーム	研修ゲームの説明	GDの進め方の概要説明，GD講師の紹介	主任講師による全グループ共通事項の説明
5		GD「よく飛ぶ紙飛行機の開発」	グループに分かれてGD形式で紙飛行機の開発	GD講師による指導
6		GD結果の発表	全グループによるGD結果の発表，他グループとの質疑	GD講師による司会進行・グループごとの講評
7	総評と全体まとめ		GD結果の発表の総評，講義・GD全体の総括	主任講師による解説
8	閉会あいさつ		研修会実施責任者のあいさつ	

（注）GD：グループディスカッションの略．ここではグループ討議形式の演習を指す．

（5）グループ編成

① 人　数

1グループあたり4〜8人程度．多すぎると討議に積極的に参加しようとしない人が出やすく，少なすぎると多面的な意見が得にくくなる．

② グループ構成

なるべく職種の異なる人の混在がよい．特定職種を対象にした研修会の場合は別として，いろいろな職種の人が参加する場合は，多職種の混在により異なる立場の人と意見を交換するチャンスとなり，発想の違いを学ぶ場にもなる．QCサークル神奈川地区主催の研修会でも，研修効果が高かったのは混在グループであった．

1.1.3　研修会スタッフ

研修会を企画立案・実施するスタッフおよび受講者との関係を，**図1.1**に示す．

また，スタッフの役割の概要を，**表1.2**に示す．

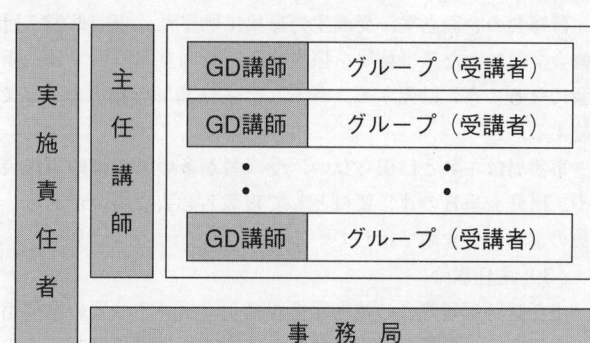

図1.1　研修会主催者と受講者との関係

表1.2 課題達成研修会におけるスタッフの役割の概要

区分	No.	項目	主催者（事務局）	主任講師	GD講師
事前準備	1	企画立案	企画立案	内容確認・助言	――
	2	主任講師選任	選任・委嘱	受諾	――
	3	会場選定	選定・予約	内容確認・助言	――
	4	受講者募集	募集・決定	内容確認・助言	――
	5	グループ編成	グループ編成	内容確認・助言	――
	6	GD講師選任	選任・委嘱	内容確認・助言	受諾
	7	GD講師指導ポイント作成	製本・印刷	原稿作成	――
	8	GD講師勉強会	勉強会準備	方針説明・指導	受講
	9	テキスト作成	製本・印刷	原稿作成	――
	10	受講者用資料作成	作成	内容確認	――
	11	教材等準備	教材等準備	内容確認	――
	12	受講案内資料送付	作成・送付	内容確認	――
研修会実施	13	開・閉会挨拶	挨拶・オリエンテーション	――	――
	14	講義	――	講義	――
	15	導入ゲーム	――	解説・指導	観察
	16	研修ゲーム（GD）	――	総括	指導
	17	GD・研修会のまとめ	――	総括	――
事後まとめ	18	受講者フォロー	アンケートまとめ	内容分析	――
	19	主催者フォロー	反省・意見のまとめ	反省・意見提言	反省・意見提言

（1）実施責任者

研修会全体を総括し，開会・閉会あいさつを行う．会社の教育担当部門または事務局を統括する部門の長が担当するのが普通である．

（2）事務局

研修会の企画立案，受講生の募集に始まり，事前準備，研修会当日の運営，事後のまとめなど，研修会全般にわたる事務局を担当する．企画立案段階では主任講師と綿密に打ち合わせ，効果的な研修会になるように計画する．さらに，主任講師の指導のもとで，GD講師との打合せおよび勉強会を実施する．

事務局は1名とは限らない．受講者が多い大規模の研修会では，会場設営や昼食準備など事前準備や，研修会当日の運営要員として複数名必要な場合がある．本書で事務局というのは，そのような複数の事務局も含めて指している．

（3）主任講師

主任講師は研修会の技術面を総括し，講義や演習の全体指導などを行う．1～2名を予定する．

主任講師は研修会全般にわたる技術的指導責任者であるので，課題達成に関する知識，経験，見識を持っていることが必要である．社内に該当する人がいない場合は，社外から招くことを考える．た

だし，当面はしかたがないとしても，いつまでも社外講師に頼るのではなく，社内に主任講師を担当できる人材をできるだけ早く育成することが大切である．

（4）GD 講師

GD 講師は，演習時，各グループにつき添って演習の方向づけや個別指導にあたる．演習はグループメンバーの自主的運営を基本とするが，研修会で初めて会う人がほとんどであることや課題達成に不慣れな人たちの集まりであることを考えると，討議の方向づけやポイントにおける指導は不可欠となる．メンバーの自主性を尊重しつつ，課題達成を効果的に実践体験させる重要な役割である．GD 講師は，1 グループあたり 1 名を原則とする．グループに GD 講師をつけて，個別指導することが本研修会の特徴の 1 つである．

GD 講師は実践的な指導を行うので，課題達成に関してそれなりの知識，経験が要求される．社内に該当する人がいない場合は，社外の研修会に参加するなどして，すみやかに養成することが必要である．このことは，単に研修会の講師をどうするかということだけでなく，その後，社内で課題達成を正しく普及させるための指導者養成のために欠かすことができない．

1.2　研修会の事前準備と事後まとめ

研修会の「事前準備」から「事後まとめ」までに必要な項目の全体像を**図 1.2** に示し，事務局の実施事項を中心に解説する．主任講師，GD 講師に固有の実施事項については，「別冊」の第 2 章「主任講師マニュアル」（p.16）および第 3 章「GD 講師マニュアル」（p.28）で解説する．

1.2.1　全体計画の立案

（1）企画立案
① 研修会のねらいを決める．
② 受講対象層を決める．
③ 受講者人数を設定する．

研修会の規模，すなわち受講者人数は 20 名から 100 名程度が適当である．グループ間で競争すると効果的なので最低でも 3 グループはあったほうがよく，その人数が約 20 名である．

一方，受講者が 100 名となると GD 講師が 15 名程度は必要となり，それ以上の GD 講師を集

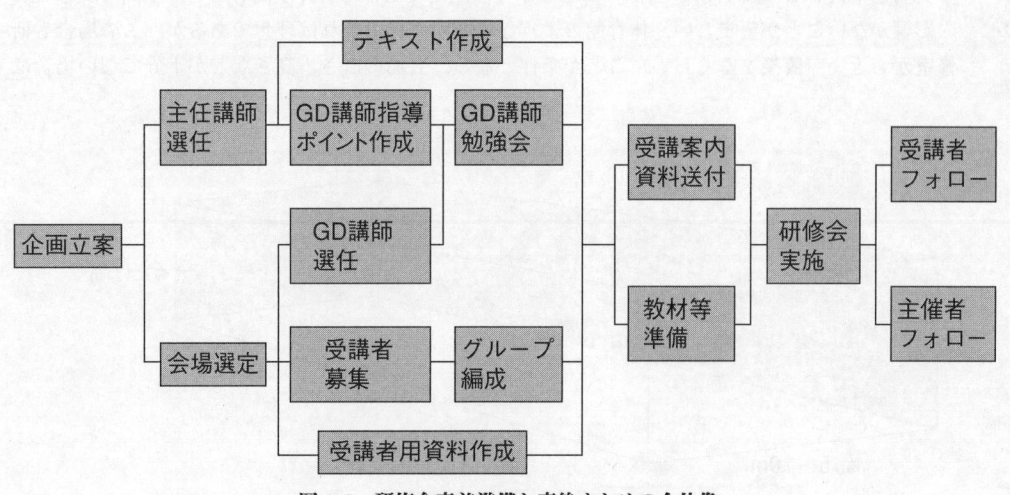

図 1.2　研修会事前準備と事後まとめの全体像

めることは現実的ではないので，約100名が上限と考えられる．
④　日程と時間配分（研修会当日のスケジュール）を決める．

(2) 主任講師選任

研修会のねらいと受講対象層は実施責任者が決めることであるが，それ以外の計画立案には主任講師も参画したほうがよい場合が多い．そのため，まず主任講師を決める必要がある．社内の人材ではなく，やむを得ず外部講師に依頼するときは，特に早い時期の決定が必要になる．

主任講師は1人が普通だが，講義担当と研修ゲーム担当を分けて2人で担当してもよい．

(3) 会場選定

研修会には講義室のほかに，GDのためのグループ討議室と紙飛行機を飛ばすための飛行場が必要である．

① 講義室

　受講者全員を収容できる広さの講義室を準備する．紙飛行機ゲームの飛行場やグループ討議室として使用してもよいが，できれば開・閉会，講義など全体集会場として独立させるのが望ましい．

② グループ討議室

　GDを効果的に行うには，グループの数だけ討議室を準備することが理想である．それだけの討議室を準備できないときは，数グループを1つの討議室にまとめてもよいが，この場合は黒板・白板などの間仕切りを用意する．数グループが同居する場合，同居している他グループのGDの様子がわかり，刺激と励みになるという利点もあるが，他グループの討議の声が討議の障害になることもあるので，この点を十分に留意しなければならない．

③ GD結果発表会場

　グループ数が多く，GD結果の発表を複数会場で行う場合は，そのための会場を準備する．

　規模としては3グループが集合できるくらいがよい．この場合，1会場あたりのグループ数を同数にして，発表に要する時間が違わないように配慮するとよい．グループ討議室が広ければ発表会場に使用してもよい．

④ 飛行場

　紙飛行機を飛ばすための広場で，この研修会のメイン会場である．

　広さは少なくとも幅5m・長さ10mは必要であり，できれば幅10m・長さ15m以上あることが望ましい．特にグループ数が多いときは，同時に2～3グループが実習できるように幅のある会場を準備する（図1.3）．当然のことながら，屋内であって天井が高いこと，空調の風の流れの影響がないことが望ましい．体育館のような場所が確保できれば理想であるが，この場合も研修室から近い（隣接するくらい）ことが条件となる．会場の広さ，高さなどが十分でない場合は

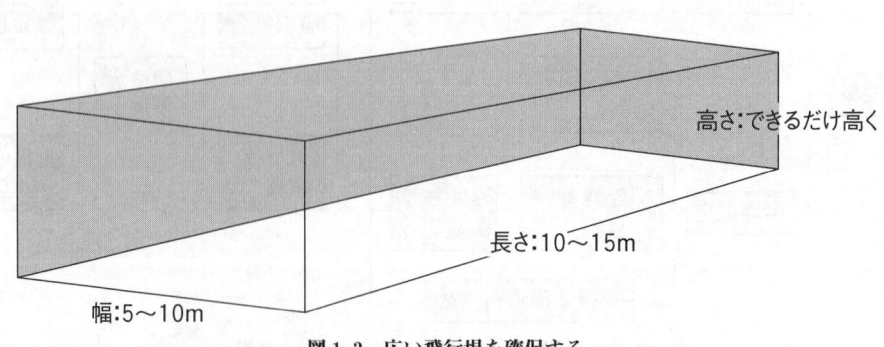

図1.3　広い飛行場を確保する

ローカルルールを決めることが必要である（「別冊」第2章2.2.3項（3）：p.18参照）．

飛行場にはスタートラインを引き，それに直角に巻尺（20m用）を貼りつけ，1mおきに目立つ印をつけておき，飛行距離が測定しやすいように準備する．複数グループが同時に実習するには巻尺も複数個準備する必要がある．

⑤ 控室

主任講師，GD講師，事務局のための控室を準備する．それぞれ別々の部屋でも全員で1カ所でもかまわないが，休憩するだけでなく，打ち合わせをしたり教材などを準備するためのスペースが確保されていることが必要である．

1.2.2　GD講師についての準備

（1）GD講師選任

実施規模（受講者人数）に応じて必要な人員を選び，決定する．主任講師の場合と同様に外部の人に頼らざるを得ないときは，選任・依頼・決定に時間を要するので早めの準備が望ましい．

（2）GD講師指導ポイントの作成

研修会をより効果的なものにするために，GD講師が心得ておくべき事がらを簡潔にまとめ，GD講師が研修会途中などですぐ見られるようなものにする．「別冊」の第3章「GD講師マニュアル」（p.28）などを参考にして作成するとよい．

（3）GD講師勉強会

主任講師とGD講師が決定したら，主任講師の指導のもとでGD講師全体の勉強会を実施する．勉強会は，GD講師全員がこの研修の経験者であって，しかもGD講師が小人数（3〜4名）であれば，1〜2時間程度の打合せで済ませることができる．しかし，GD講師の中に初体験の人がいたり，GD講師の人数が多いときは，1日かけて実施するのが望ましい．

勉強会の目的は，①GD講師のレベル合わせ，②主任講師の方針や講義内容の事前確認と徹底，③GDの時間配分や指導ポイントの事前体験，の3つである．③の目的達成のためにはGD講師全員を複数のグループに分けて，実際に紙飛行機開発の課題を実践してみるとよい．勉強会では事務局もGD講師と一緒になって体験学習をしておくと，研修会でスムーズな運営が期待できる．

1.2.3　受講者についての準備

（1）受講者募集

研修会の目的と規模に応じて受講者を募集する．受講者を募集するのか，指名するのかは実施責任者の判断すべきことである．受講者の参加意識を高めるためにも，事務的な諸準備を効率的にするためにも早めに決定するほうがよい．

GD用グループ分けをするとき，受講者の属性（性別，職位，業務内容，課題達成の経験など）は大切なポイントになるので，研修会参加申込書にこれらの項目を入れるようにする．

（2）グループ編成

グループの構成はGDの成果に大きな影響を与える．受講者の性別，年齢，職種，役職，経験，特に課題達成経験の有無などを考慮してグループを編成する．課題達成においては異なる経験を持つ異なる職種の人たちでグループを構成するほうが斬新なアイデアが出やすく，高い研修効果が期待できるので，受講生の属性を考え，効果的な研修となるようなグループ編成をすることに留意するとよい．

受講者のグループ分けと同時に，グループを担当するGD講師を決定する．グループ分けとGD講師の割当ては事務的に行うのではなく，研修効果を考えて主任講師の方針や実施責任者の要望も考慮すべきである．

（3）テキスト作成

受講者全員に配布するテキストとしては『課題達成実践マニュアル』（綾野克俊監修，QCサークル

神奈川地区課題達成活動研究会編，日科技連出版社）などがあるが，主任講師が自分の講義内容に合わせて使いやすいものを選定または作成してもよい．作成する場合，『課題達成実践マニュアル』や「本冊」の第1章，2章からの抜粋でもよいし，新たに作成したものでも構わない．

テキストはなるべく早い時期に受講者に配布して，予習の時間をとれるように配慮する．そのため，事務局は全体日程をにらみつつ，期限遅れにならないように主任講師と連携をとってテキストを完成させる．

（4）受講者用資料作成

テキストと同時に研修会の概要（日時，場所，集合時間，持参するもの，当日のスケジュール，主任講師の紹介など）も作成し，これに実施責任者や主任講師からのメッセージを載せておくとよい．さらに，受講者の自己紹介資料を用意するとよい．この内容には，受講者各自のプロフィールや課題達成についての理解度・実施経験，研修会参加の抱負・目標なども含める．これらをGD開始時に配布すればグループメンバー相互の自己紹介資料ともなり，またGD講師がグループメンバーを理解し，指導する際の一助となる．

1.2.4 教材等の準備

（1）受講案内資料送付

テキストや受講者用資料など一式を受講者に送付し，事前確認と予習をするように指導する．

（2）教材等の準備

事前準備する教材などを，**表1.3**に示す．

1.2.5 研修会後のまとめ

（1）受講者のフォロー

受講者の受講結果は，通常研修レポートという形で会社の上司に提出される．実施責任者や講師が同じ会社に所属しているときは，このレポートをもとにフォローすればよい．実施責任者や講師が別の組織に属しているときは，受講後アンケートで受講者の反応を確かめるのがよい．アンケートには「講義，実習が理解できたか」，「講義，実習が役に立ったか」，「講義，実習が楽しかったか」，「研修の目的は達成できたか」，「今後の抱負」，「研修会への要望」などを入れるとよい．アンケート用紙の例を**資料1.3**（「別冊」：p.15）に示す．

（2）主催者のフォロー

主任講師，GD講師，事務局がそれぞれの立場から反省点を出し合い，受講者のアンケート結果と合わせて，次回の研修会のために必要な修正事項などをまとめる．

1.3 研修会の進め方

1.3.1 研修会の構成

研修会全体の構成と時間配分の一例を，**表1.4**に示す．実際の2日間研修では13〜16時間程度になることが多く，宿泊研修ならば最大20時間くらいまで可能である．研修の企画立案にあたっては，この目安を参考に時間を組めばよいが，GDの時間をできるだけ長くとると課題達成をより深く研修することができる．

1.3.2 研修会の進め方と役割

研修会全体の進め方について**表1.5**に，その中で実施責任者および事務局の役割を**表1.6**に示す．主任講師およびGD講師の役割については，「別冊」の第2章「主任講師マニュアル」（p.16）および

表1.3 準備するもの

区分	項目	内容	備考
受講者へ配布するもの	①テキスト	『課題達成実践マニュアル』など主任講師が用意したもの	事前配布
	②研修会概要	研修会案内資料	
	③自己紹介資料	受講者自身を紹介するもの	
	④課題	GDの「与えられた課題」を印刷したもの（本冊P.55参照）	当日配布
	⑤名簿	グループ別受講者名簿、GD講師・参加者の名札（胸章）	
	⑥アンケート用紙	主催者が必要に応じて配布	
会場に準備するもの	①講義・GD発表などに必要なもの	OHP、スクリーン、マイク、指し棒など （注）発表をOHPで行うときは会場分OHP台数が必要	
	②黒板・白板	効果的なGDにするため、1グループ1個以上を準備	
	③ついたて	同一研修室で複数グループがGDをするとき必要	白板で代用可
	④複写機	GD結果発表をOHPで行うときのOHPフィルム作成用 受講者のレポートや持帰り資料作成用	
	⑤飛行場設営	20m巻尺、ラインや目印をつけるテープ類	
	⑥飛行時間測定用ストップウォッチ（デジタル表示）	3～4個	
GDに必要なもの	①紙飛行機製作用紙	B4、A4、B5それぞれ受講者数×10枚程度	
	②データ記録紙	グループ数×5枚程度（本冊P.69参照）	
	③成功シナリオデータ集計表	グループ数×3枚程度（本冊P.83参照）	
	④GD結果発表用紙	グループ数×10枚程度（模造紙またはOHPシート）	
	⑤文房具類	GD経過メモ用紙（形式自由）、筆記用具、電卓、物差しなど	
その他	①優秀グループ表彰用賞品		
	②昼食、休憩時の飲み物など		

表1.4 研修会全体の構成（2日間研修の場合）

	研修会の構成			時間配分の一例		
No.	構成要素	時間配分の目安（分）	日	時間帯	時間（分）	備考
1	開会オリエンテーション	10～20	第一日目	9:30～ 9:45	15	
2	講義	60～90		9:45～11:00	75	
3	導入ゲーム	0～60		11:00～11:30	30	
4	研修ゲームの説明	10～20		11:30～11:45	15	昼食休憩移動60分
5	GDに入る準備	15～30		12:45～13:00	15	
6	研修ゲーム（GD） （紙飛行機ゲーム）	540～660	第二日目	13:00～18:00 9:00～14:40	300 290	合計590分 昼食休憩50分
7	GD結果の発表	75～100		14:40～16:10	80	移動10分
8	研修ゲームのまとめ	10～30		16:10～16:30	20	
9	研修会のまとめ	10～15		16:30～16:40	10	
10	閉会	5～10		16:40～16:45	5	
	目安（時間）合計	735～1035（12時間15分～17時間15分）		合計	855（14時間15分）	

表1.5 　研修会全体の進め方

No.	構成要素	内容	実施責任者,事務局	主任講師	GD講師
1	開会・オリエンテーション	開会挨拶，スケジュール・留意点などの連絡	◎	△	△
2	講義	課題達成の基礎・手順の講義	△	◎	△
3	導入ゲーム	受講者同士の相互理解を目的に簡単なゲームを実施	△	◎	○
4	研修ゲームの説明	GDの進め方や留意点の説明	△	◎	△
5	GDに入る準備	グループごとに自己紹介，役割分担，研修器材の確認	△	△	◎
6	GD	与えられた課題にもとづきGDの実施	△	○	◎
7	GD結果の発表	数グループ単位にGD結果の発表	△	○	◎
8	GDのまとめ	GD全体のまとめ	△	◎	△
9	研修会のまとめ	研修会全体のまとめ	△	◎	△
10	閉会	閉会挨拶	◎	△	△

(注) 1. 参加度合　◎：主体的参加，○：共同参加，△：補助的参加
2. 導入ゲームは，グループ間競争を通じてメンバー同士の相互理解を促進したり，自己紹介のときに発言しやすい雰囲気をつくるために行う．単純なグループ間のジャンケン競争や，ジグソーパズルの時間内完成度を競うものなどでもよい．メンバー構成と制約時間に合ったものを工夫する．グループメンバーがお互いに初対面の場合に実施するとよい．

表1.6 　研修会での実施責任者・事務局の役割

No.	構成要素	実施責任者の役割	事務局の役割
1	開会・オリエンテーション	・開会挨拶	・スケジュール，会場案内，留意点などの事務連絡
2	講義		・導入ゲームの器材などの準備 ・食事・飲み物の手配
3	導入ゲーム		・主任講師を補佐して導入ゲームの進行
4	研修ゲームの説明		・研修器材などの準備
5	GDに入る準備		・研修器材不足などへの対応
6	GD		・飛行会場の設営 ・主任講師とGD講師間の連絡 ・教材や事務用品などが不足したときの補充 ・受講者が資料コピーしたいときの手伝い ・食事や飲み物の手配
7	GD結果の発表		・主任講師の指示により紙飛行機の成績集計 ・表彰の準備
8	GDのまとめ	・優秀Gの表彰	・表彰の補助
9	研修会のまとめ		
10	閉会	・閉会挨拶	・閉会後アンケート用紙の回収

第3章「GD講師マニュアル」(p.28) で説明する．

1.3.3 研修ゲームの進め方

(1) GDとは

GD（グループディスカッション）とは，数人のグループを編成して，全員の知識・経験・アイデアを結集し，「よりよい発想・よりよい結論」を得て，課題を達成していく方法である．

めざす目的に向かって，ゲーム感覚で面白く，楽しく，夢中になって行動し，課題達成の手順や手法の使い方を学びとるものである．GD実施上の留意点を，表1.7に示す．

表1.7 GD実施上の留意点

項　目	留　意　事　項
目的意識	・GDの目的をよく理解し「よりよい発想・よりよい結論」を得るように常に心がける
進行協力	・全員が積極的に協力し，人の話をよく聞き，私語を慎む ・決められた時間を守る
発言方法	・抽象的な理論や推理は避けて，事実や経験をもとに正確に発言する ・基準のはっきりしない形容詞を避けて，事実（データ）に基づき具体的に発言する ・積極的に発言し，心を開いて聞く
リーダーの心構え	・メンバー各自の特質を知り，発言者が引け目を感じないように気を配る ・全員から発言を引き出すようにして，メンバーの意見を公平に扱う ・話が本筋から外れないように誘導する ・形式ばらず，自然な明るい雰囲気をつくる ・型にはまった表現や内容にならず，泥くさい事実が出てくるように仕向ける ・アイデア出しのときは，突飛な意見も尊重して，アイデアを拡大していく
メンバーの心構え	・自分の意見は自由に発言し，他人の意見は素直に聞く ・簡潔に要領よく意見を述べる ・言葉の端々にこだわって問題の本質を見失うことのないように気をつける ・自分の意見に反対されても怒ることなく，前向きに討議する ・思いついたことは，タイミングを逃さずに熱いうちに発言する

(2) GDの時間配分

GDの時間配分例を，表1.8に示す．これを参考にして具体的な時間配分を決めるとよい．

表1.8 GDの時間配分例

日	時間帯	時間（分）	内　容
1日目	13:00～13:20	20	課題の理解・共有化
	13:20～14:50	90	ステップ1　テーマの選定
	14:50～16:50	120	ステップ2　攻め所と目標の設定
	16:50～18:00	70	ステップ3　方策の立案
2日目	9:00～10:00	60	ステップ4　成功シナリオの追究
	10:00～11:00	60	ステップ5　成功シナリオの実施
	11:00～11:30	30	ステップ6　効果の確認
	11:30～12:00	30	ステップ7　標準化と管理の定着
	12:50～13:10	20	ステップ8　反省と今後の対応
	13:10～14:40	90	まとめと発表準備
	合　計	590（9時間50分）	

資料1.1　課題達成導入時の留意点

① 課題達成を導入するねらいを明確にし，社内に徹底する

課題達成を導入するねらいは企業によってさまざまです．例えば，次のようなものが考えられます．
- すでに発生した問題の解決だけでなく，今後発生しそうな課題を取り上げ，その達成をめざす．
- プロジェクトチーム活動における解決ツールとして活用する．
- JHS部門におけるQCサークル活動の活性化に活用する．
- 製造部門におけるQCサークル活動のテーマの対象範囲を広げる，など．

これらのねらいを達成するには，実際に活動する第一線の人たちだけが課題達成を理解していていればよいというものではありません．むしろ，経営トップをはじめ，管理者やスタッフがまず正しく理解し，自社では何をねらいにするのかを明確にし，そのうえで第一線を指導・教育していくことが望まれます．これは課題達成に限ったことではなく，新しい経営管理ツールを自社内に導入していく場合に共通したことです．

② 課題達成の導入では，既存の組織・体制を活用する

課題達成に関する話をしていると，QCサークル事務局を担当していると覚しき人から，「どのようにして課題達成を導入すればよいのか．どんな組織や体制にすればよいのか」と尋ねられることがよくあります．質問の背景にあるのは，おそらく次の事がらだろうと推測できます．課題達成を導入するのに，上司や経営トップにどのように説明すればよいのか，導入のスケジュールや導入教育カリキュラムをどうするか，推進組織をどのように構成するか，事務局として何を管理項目に取り上げ，そのフォローアップとまとめをどうするかなど，いろいろな悩みが駆け巡るのだろうと思います．

課題達成は問題を解決するときの1つの手段です．したがって，適用される対象範囲は特に限定されません．これまでよく活用されてきたのはQCサークルの場ですが，そのほかにプロジェクト活動や日常業務で十分活用できます．ということは，課題達成の対象となる問題（正確にいえば課題）があれば，どんな職場でも活用できるということです．

これまでQCサークル活動を熱心に推進してきた管理者やスタッフ，事務局は，それがために課題達成という新しいものを導入しようとなると，これまでやってきた問題解決とは異なる，何か別の枠組みや体制を整備する必要性に駆られるのだと思います．そんなに大げさに構えなくても，問題を解決するための1つのやり方だと受け止めれば，既存の組織の中でも活かすことができます．導入教育やカリキュラム，管理項目の設定，フォローアップやまとめなども，従来の問題解決の場合に準じて行えばよいのです．

③ 課題達成を正しく理解し実践する

課題達成の実践に当っては，枠組みや推進体制がポイントなのではなく，課題達成の考え方をきちんと理解し，正しく実行することが大切なのです．そのためには，課題達成を実践する人たちの自発的勉強と企業が行う導入教育の両方が必要です．

実践者の勉強方法としては，図書や文献で課題達成の基本を学ぶ，発表大会などで他社の実践事例を聞く，社内外の事例をモデルにして課題達成の実際のやり方を研究する，そこで疑問点や改善点があれば上司や事務局に確認するなどが考えられます．一方，導入教育としては系統だった教育を体験できる研修会が中心になります．自社で開催できる場合はそれによればよいし，もろもろの理由で開催できない場合は外部の研修会に参加すればよいでしょう．外部研修会の場合，教育効果のあがる研修会を選ぶことが必要ですが，同時に，参加者が得た知識・体験を企業内で他の人が共有できる仕掛けをつくっておくことが，課題達成の普及・拡大に欠かせない大切なことです．

資料1.2　課題達成の学習方法

　課題達成を導入・実践するには，企業幹部をはじめとし，管理者，スタッフから第一線の職場にいたるまで，課題達成を正しく理解することが必要です．その勉強方法例を以下に示します．

① 個人の学習
　まず，日科技連出版社から刊行されている課題達成関連図書（『課題達成実践マニュアル』，『QCサークルのための課題達成型QCストーリー（改訂第3版）』など）や『QCサークル』誌により，課題達成の基礎的考え方や具体的な手順・進め方，手法を学習します．次に，具体的課題（テーマ）を取り上げて，実践してみます．あるいは，実践経験のある人にOJT教育を受けるのもよいでしょう．いずれの場合も，不明な点に答えてくれる人や実践事例を評価してくれる人がいれば，理解度を著しく向上させることができます．

② 事例研究
　本を読んで，いきなり課題に取り組むのは実際問題としてなかなか困難なものです．そこで，他サークル・他グループの課題達成実践事例を勉強するのも大変よい方法です．社内の発表大会の報告事例がない場合は，QCサークルの全国大会や支部，地区の大会に参加して，直接事例発表を聴講するのもよいでしょう．大会の体験談発表要旨集や各種の事例集，『QCサークル』誌の掲載事例などを研究する方法もあります．
　事例研究の具体的な進め方としては，1人でやるよりは，上司や仲間と一緒に討議しながら，理解不足な点や疑問点を解消するように進めるのが，より効果的です．

③ 本書『課題達成研修マニュアル』による自主学習
　本書が提唱する課題達成の研修方法は，課題達成の基礎・手順の系統的学習と，「よく飛ぶ紙飛行機を開発する研修ゲーム」を通じた体験学習の2本柱で構成しています．体験学習は個人で取り組んでもよいですが，グループで取り組めば，グループ討議を通してメンバー同士の討論の過程で課題達成をより実践的に理解できるようになります．さらに指導講師がいれば，ポイントごとの解説や指導が受けられ，効率的な修得が可能になります．そうした意味で，本書を活用する場合でも，下記の研修会方式で勉強することがより効果的であるといえます．

④ 研修会
　新しく登場した課題達成であるだけに，系統的に学習するOff-JT教育，つまり研修会は重要な位置付けにあります．とりわけ課題達成は開発後日が浅く，普及途上のせいもあり，いくつかの誤解を持たれているのを見るとき，研修会による系統的学習の必要性が痛感されます．
　研修会にはいろいろなやり方がありますが，多くの場合，講師が講義し，受講者は専ら聞くという一方通行的な教育に陥りがちです．講師の一方的知識提供だけでは，高い教育効果を望むことはむずかしいのではないでしょうか．受講者自身が考え，体験し，受講者同士の討論を通じて，受身の姿勢ではなく，教育の場における主役として積極的に学び取る教育にすることが是非とも必要なのです．そのためには，そのねらいに合致した課題達成研修会へ参加することが大切です．
　課題達成専門の研修会の例として，QCサークル本部や地区で実施している研修会に参加してみることをお勧めします．

資料1.3　課題達成研修会アンケート用紙（例）

課題達成研修会にご参加いただきありがとうございました．今後の研修会の参考とさせていただくため，ご意見，ご感想をお聞かせください．

1. あなたのグループ No.

　　_____ グループ

2. あなたの会社について（該当項目に○印を付す）

1. 製造業	2. 建設業	3. 物流・輸送業
4. サービス業	5. 販売業	6. 保険・金融業
7. 官公庁	8. その他	

3. 研修内容について（該当項目に○印）

項　目	非常に有意義だった	有意義だった	あまり有意義でなかった	有意義でなかった
講義「課題達成の基礎と手順」				
導入ゲーム				
研修ゲーム（紙飛行機ゲーム）				
GD 結果の発表				
研修ゲーム・研修会のまとめ				

4. 研修会に臨んでのあなたのねらい（または期待）と研修会終了後の達成状況について

研修会に臨んでのあなたのねらい（期待）を記入してください	研修会後の達成状況（該当項目に○印）			
	達成できた	ほぼ達成できた	あまり達成できなかった	達成できなかった
1.				
2.				
3.				

5. 研修会の運営について，お気づきになった点を記入してください．

6. 今後の課題達成研修会に希望される企画など，研修会への要望を記入してください．

7. 全体を通じてのご意見，ご感想，今後の抱負などを記入してください．

　　　　　　　　　　　　　　　　　　　　　　　　　ご協力ありがとうございました．

第2章　主任講師マニュアル

　研修会全体を統括するのは研修会実施責任者であり，その具体的運営は事務局（事務局を補佐する委員も含む）によって行われる．一方，研修会の技術面を統括するのは主任講師であり，主任講師の方針に従って，直接受講者を指導するのがGD講師である．これらの役割は，研修会が大規模なものであればそれぞれ独立して担当を決めるが，小規模であれば1人で何役かを兼ねることもある．本章では，主任講師の心構え（留意点）と役割を説明する．

2.1　主任講師の心構えと役割

2.1.1　主任講師の心構え

（1）主任講師の指導範囲は状況で変わる

　実施責任者や事務局に，紙飛行機を用いた課題達成研修会の開催経験があり，研修会スタッフの編成から運営まで計画立案できる場合は，主任講師は助言程度で済むが，経験がない場合は主任講師が研修会の全面にわたって指導・助言することが必要となる．したがって，主任講師を依頼されたとき，事務局の研修会開催経験の有無を確認して，どこまで指導・関与するかを相互確認しておくことが大切である．

（2）研修会スタッフの協力を導き出す

　研修会はいろいろな役割を持ったスタッフで進められるが，スタッフ間の連携プレーによって研修効果を最大にすることが肝心であり，スタッフのチームワークを引出すのも主任講師の大切な役割である．主任講師は自分が担当する役割のみならず，研修会全体にわたって気配りするくらいの配慮が必要である．例えば，主任講師やGD講師が熱心に取り組もうとしても，会場が整っていなかったり，受講者が会場移動で迷ったり，GDに必要な備品が不足していたりすると，受講者が研修に集中できないことが起こり得る．研修効果を最大にするには，受講者を直接指導する主任講師やGD講師と，研修会を運営する事務局や研修会スタッフとの連携が不可欠である．

（3）主任講師の役割は研修会の規模で変わる

　主任講師の基本的な役割は次節で説明するが，それ以外の役割はほかの研修会スタッフが担当することになる．しかし，企業内で行う小人数の研修会の場合などでは，主任講師1人ですべてを担当することも起こり得る．このように研修会の規模により役割も変わってくるので，主任講師は課題達成の基本や手順，研修ゲームの知識だけではなく，研修会全体の企画から終了後のフォローまでの幅広い知識と経験が必要となる．したがって，日頃から積極的にいろいろな経験を積んでおくことが望ましい．

2.1.2　主任講師の役割

　表2.1に主任講師の主な役割をまとめて示すが，実施内容と確認のポイントを「事前準備」から「事後まとめ」まで，順を追って解説する．

2.2　事前準備

　研修会の事前準備における主任講師の役割を説明する．

2.2.1 主任講師選任

実施責任者から直接あるいは研修会事務局を経由して，主任講師の担当を依頼されるが，日程や開催場所，業務の状況などを考慮して受諾できるかどうかを検討する．

2.2.2 企画立案

実施責任者や事務局が立案した企画内容を確認し，変更すべき点があれば助言する．

表2.1 主任講師の主な役割

時期	No.	役割	主任講師の実施・確認ポイント	関係者
事前準備	1	主任講師選任	・受諾可否を検討する	事務局
	2	企画立案	・事務局の企画内容を確認し変更すべき点を助言する	事務局
	3	会場選定	・部屋割・部屋の大きさなどを確認し変更すべき点を助言する ・必要なら紙飛行機ゲームのローカルルールを作成する	事務局
	4	受講者募集	・募集内容を確認し変更すべき点を助言する	事務局
	5	グループ編成	・受講者の属性を考え効果的な研修となるようなグループ編成を助言する	事務局
	6	GD講師選任	・事務局の選任案作成に助言する	事務局
	7	GD講師指導ポイント作成	・GD講師が心得ておくべき事柄を簡潔にまとめる	事務局
	8	GD講師勉強会	・GD講師の事前勉強会を実施して指導方法を統一する	GD講師
	9	テキスト作成	・受講者に合致したテキストを選定または作成する	事務局
	10	受講者用資料作成配布	・内容を確認する	事務局
	11	教材等準備	・内容を確認する	事務局
	12	会場確認	・研修会前日に部屋割・機材・備品などを現地で確認する	事務局
研修会当日	1	開・閉会挨拶	——	実施責任者
	2	講義	・課題達成の基礎（1章）・手順（2章）を解説する	——
	3	導入ゲーム	・解説と実施を指導する	GD講師
	4	研修ゲーム（GD） ①GDの説明 ②GDの実施 ③GD結果発表	・研修ゲームの進め方や留意点を解説する ・状況を把握し必要に応じてGD講師に助言する．イレギュラー事項へ対応する ・会場を回って発表を聴講する	GD講師 GD講師 GD講師
	5	研修まとめ ①GDのまとめ ②表彰 ③研修会のまとめ	・研修ゲームの成果や問題点などを解説する ・研修ゲームでの優秀グループなどを表彰する ・研修会全体の成果や問題点などを解説する	—— 実施責任者
事後まとめ	1	受講者フォロー	・受講者へのアンケートを分析し必要なフォローをする	事務局
	2	主催者フォロー	・GD講師の意見・アンケート調査結果などに基づいて次回の研修会のために実施内容などの見直し案をまとめる ・必要に応じて研修会の資料やテキストを更新する	実施責任者 事務局 GD講師

企画の段階で研修会のねらいや受講者の対象が絞られるので，実施責任者や事務局と相談し，全体のスケジュールを確認し，講義の内容や重点をどこに置き，どのような手順で解説をするのかを決め，対象とする受講者層に対応したプログラムを編成し，テキストの内容や研修会の時間配分に反映させる．さらにアンケート調査内容も検討する．

2.2.3 会場選定

(1) **会場選定**
研修会に必要な会場については「別冊」の第1章「課題達成研修会の企画・運営」の1.2.1項 (3) (p.6) を参照されたい．

(2) **講義室の設備**
講義に使用する諸設備を確認する．
① 講義や解説に使用する機器は何か（OHPかパソコンか）．
　＜OHPを使用する場合＞
　● 使用できるOHPの照度やズーム機能の有無を確認し，作成するOHPフイルムに反映する．
　● 作成済みのOHPフイルムを使用するときは，必要な性能や機能のOHPが手配できるかどうか確認する．
　＜PCとプロジェクターを使用する場合＞
　● PC（パソコン）とプロジェクターの規格を調べ，適合していることを確認する．
　● プロジェクターは，会場の広さに対応できる照度の機器が確保できるかどうか確認する．
② 会場の明るさの調整ができるか（照明やカーテンの状況）．
③ 画面を写すためのスクリーンの状況はどうか（大きさ，設置場所）．
④ マイクは使用できるか（種類，本数）．

《ポイント》
★ **PCとプロジェクター**
● 作成する画面の背景はできるだけ明るいものを選び，文字を大きくして，後方の受講者にも見えやすくする．
● **PCとプロジェクターの組合せは，機種の不適合などが起きることがあるので，実際に使用する機器を組み合わせて確認することが望ましい．**
★ **アルミスクリーン**
● 指し棒で直接スクリーンに触れると傷つけるため，OHPやPC画面でポイントする準備をする．
★ **ピンマイク**
● 自由に動きながら解説するため，ワイヤレスマイクの使用がよい．
● コード付きマイクの場合，動きが制限されるので，講義位置とOHPやPC機器の配置に注意する．

---

(3) **飛行場のローカルルール**
会場の大きさや室内の状況により，紙飛行機ゲームのローカルルールの設定が必要となることがあるので，次の事項を確認する．
① 会場は飛行場として十分な大きさがあるか（縦，横，高さ）．
② 舞台があるかないか（飛行機を飛ばすとき使用できるか）．

③ 空調などによる空気の強い流れはないか．
④ ほかの会場と兼用しなければならない場合，その模様替えが円滑にできるか．

《ポイント》

★会場に合わせたローカルルールの設定
- 長さが十分にとれない会場では，向こうの壁にぶつかるまで紙飛行機が飛んでいくことが起こり得る．この場合，「どの高さにぶつかったら飛行距離を何mにする」と決めておくとよい．

[長さ10mの会場でボーナスポイントを決めるローカルルールの例]

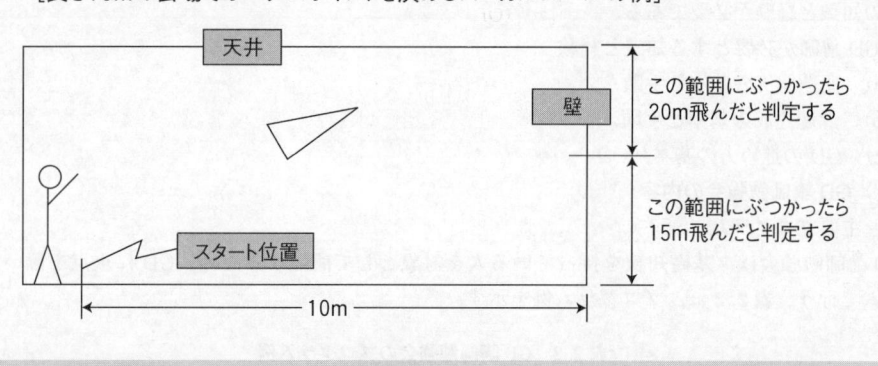

この範囲にぶつかったら20m飛んだと判定する

この範囲にぶつかったら15m飛んだと判定する

★会場に合わせた課題レベルの設定
- 長い飛行場や，舞台があって投げる位置が高くなるときなどは，飛行距離や飛行時間が伸びるので，課題のレベルを「13 m」，「5 秒」などと高くすることも必要である．

2.2.4　GD 講師選任

　GD 講師の選任と依頼は実施責任者あるいは事務局が行うが，選任案検討時に必要な助言を行う．
　GD 講師は「課題達成の基本と手順」のみならず，「問題解決の基本と手順」や「GD の進め方の基本」に関する知識と経験が求められる．これらのレベルをどれだけ満たしているか，および「課題達成研修会 GD 講師の経験」の有無によって，主任講師は GD 講師勉強会開催の是非とその内容を判断する．

2.2.5　GD 講師指導ポイントの作成

　GD 講師が心得ておくべき事がらを簡潔にまとめる．**資料 2.1**（「別冊」：p.26）に例示する．

2.2.6　GD 講師勉強会

　GD 講師勉強会では，主任講師が講師を，事務局が事務局業務を担当する．
（1）GD 講師勉強会の目的
　GD 講師勉強会は，より効果的な研修会とするために，GD 講師のレベリングとレベルアップを図るものである．基礎知識は持っているが初めて GD 講師を経験する人，以前に GD 講師を経験したこ

とがあるが指導内容が曖昧になっている人などのために，GD 講師の役割と指導上の注意事項などを理解させる場である．

参加者が 100 人を超えるような研修会を開催するには，15 名以上の GD 講師が必要となる．このようなとき，GD 講師として必要な基礎知識を持っている人が必要な数だけ確保できない場合は，あらかじめ，基礎知識習得の研修会を実施する必要がある．

研修会の運営に携わる事務局も参加し，研修会全体の流れや研修内容を理解するのが望ましい．事務局が研修会の細かな部分まで理解して運営を行うと，受講者への対応や会場の設営，備品の整備などがスムーズに進められる．

(2) GD 講師の基本要件

GD 講師を担当するには次の基礎知識を必要とするが，研修会で GD 講師を担当するには，これらの基礎知識に加えて紙飛行機ゲームを通じて，「課題達成の考え方や活動の手順」を受講者に教えるための知識と経験が必要である．

① GD 講師が必要とする知識と経験
 a) 問題解決の基本と手順．
 b) 課題達成の基本と手順．
 c) GD の進め方の基本．

(3) GD 講師勉強会の内容

① 主要プログラム

GD 講師勉強会は，基礎知識を持っている人を対象として開催するため，GD に重点を置いたプログラムで行う．表 2.2 に，プログラム例を示す．

表 2.2 GD 講師勉強会のプログラム例

	プログラム	ポイント	時間配分
1	GD 講師勉強会開会	勉強会のスケジュール，実施内容などの説明	15 分
2	課題達成の基本と手順の解説	「本冊」の第 1 章（基礎），第 2 章（手順）の中から研修会で強調する部分やポイントとなる部分の説明	20
3	GD 講師マニュアルの解説	別冊第 1 章（企画・運営），第 3 章（GD 講師マニュアル）の説明	20
4	研修ゲーム指導ポイントの確認	紙飛行機ゲームの実体験を通して指導ポイントの理解	410
5	GD 講師勉強会閉会	勉強会の成果と問題点や宿題事項の説明	15
	合　計		480

② グループ編成

研修会と同様に，4～8 名でグループを編成し，経験の深い人と未経験の人を組み合わせたグループ編成とする．

《ポイント》
★時間配分
● 研修ゲームを進める手順や受講者への指導ポイントを中心として，勉強会の大部分の時間を GD の体験にあてる．
● **GD では課題達成の全ステップを完了させる．**

> ★重点を絞った解説
> ● 指導のポイントや受講者が迷いやすいステップや手順に重点を絞って解説する．
> ★作成資料の配布
> ● 各グループが作成した GD 資料は，他グループの分も含め GD 講師全員に配布して参考にしてもらう．

2.2.7　テキスト作成

主任講師は下記の内容のテキストを作成するが，その際，本書や『課題達成実践マニュアル』を参考にするとよい．テキストは受講者がメモを追記したり，後から勉強するために提供するが，余白を作り，メモ書きできるようにしておくとよい．テキストの内容は，講義時の OHP フィルムや PC 資料としても使用する．

① 課題達成の基本．
② 課題達成の手順．
③ 研修ゲーム資料（GD 実施要領，課題とゲームのルール）．

2.2.8　会場確認

会場の事前確認は事務局が行うが，ローカルルールがある場合，会場のレイアウトなどで気になることや PC とプロジェクターの接続確認などがある場合は，主任講師も参加する．

2.3　研修会当日

研修会当日の主任講師の役割を，表 2.3 に示す．

2.3.1　講　義

（1）レベルの把握

主任講師は課題達成の基本や手順を漏れなく説明する必要があるが，受講者のレベルを把握し，それに見合った解説が必要である．そこで講義を開始するとき，受講者に次の例よりいくつか選んで質問し，該当者に挙手させて大まかなレベルを把握するのがよい．

＜参加者への質問の例＞
- QC サークル活動や小集団活動の経験はあるか．
- 問題解決の手順を知っているか．活動したことがあるか．
- 課題達成の手順を知っているか．活動したことがあるか．
- QC 七つ道具（Q 7）を知っているか．使ったことがあるか．
- 新 QC 七つ道具（N 7）を知っているか．使ったことがあるか．
- 課題達成七つ道具（K 7）を知っているか．使ったことがあるか．

（2）基礎の解説

「本冊」の第 1 章を解説をするが，この部分は理論や考え方が多く出てくるので，受講者によってはむずかしく感じたり退屈することがあるかもしれない．しかし，基本となる重要な部分であるため，受講者の反応を見ながら，理解しやすい解説をすることが大切である．

① 講義資料

主任講師は「本冊」の第 1 章を参考にして作成した OHP フイルムや PC の画面をスクリーンに写しながら解説する．OHP や PC はポイントになる字句や説明に色づけしたり，そのつどポイ

表2.3 研修会当日の主任講師の役割

No.	構成要素	参加度合	役　割
1	開会・オリエンテーション	△	・列席し聴講する
2	講義	◎	・「課題達成の基礎」「課題達成の手順」を講義する．受講者の知識，経験に応じて講義内容と時間を調節する ・「基礎」の講義では研修の趣旨を理解させ，何のために課題達成を学ぶのかを納得させる ・「手順」の講義では研修ゲームの中で行うステップと実施手順のつながりを一般論として解説する
3	導入ゲーム	◎	・グループごとに分かれ，グループで順位を争う簡単なゲームを行うが，その指導を行う
4	GDの説明	◎	・GDの進め方や留意点など全グループに共通する事項を説明する ①GDのねらいと実施上の留意点 ②GD全体のながれと実施事項および時間配分 ③GDに取り組む心構え ④GD講師による指導 ⑤GD結果発表会の実施（全グループ発表） ⑥成績優秀なグループに賞品を与えることの紹介と激励 ⑦GD講師の紹介
5	GDに入る準備	△	・適宜全グループを見て回り，受講者の反応やグループの進捗状況を把握する．特に紙飛行機開発に熱中するだけで課題達成の手順が正しく理解されていない受講者はいないか，観察する
6	GD	○	・必要に応じてGD講師間の調整やアドバイスを行う．ただし直接受講者のGDに影響しないように別室で行うよう配慮する
7	GD結果の発表	○	・GD結果発表会が複数会場で行われるときは，各会場を回る ・GD結果発表会を聴講して，その感想をその後のまとめに反映させる
8	GDのまとめ	◎	・GDの成果や問題点を総合的に説明する ・GDで優秀な成績を収めたグループを紹介し，表彰する．記念品は実施責任者から渡してもらう
9	研修会のまとめ	◎	・研修会全体の成果や問題点をまとめて説明する ・GD講師へのねぎらいと受講者への激励の言葉で締めくくる
10	閉会	△	・列席し聴講する

（注）参加度合　◎：主体的参加，○：共同参加，△：補助的参加

ンターで指し示して，受講者の注意や意識が集中できるよう工夫する．
② 身近な事例で補足説明
　受講者が身近に感じるわかりやすい事例で補足説明を加える．
③ わかりやすい用語で説明
　受講者にとって初めての字句や表現，例えば「攻め所」や「ギャップ」，「成功シナリオ」などの課題達成特有な用語は覚えてもらう，研修会終了までに理解し正しく使えるようになる必要がある．このような固有の用語や表現は，最初に出てきたときにわかりやすい説明を加える．
（3）手順の解説
「本冊」の第2章を参考に作成した資料を使用し，課題達成の手順をステップを追いながら解説する．
① 受講者のレベルに対応した解説

限られた時間内で課題達成に必要な解説をするため，受講者のレベルに対応した説明が必要である．例えば，問題解決の手順を知っていれば，問題解決と共通部分の説明は簡略化したり，手法の説明はどの手法に重点を置くかを決め，受講者が理解しやすい解説が大切である．

② 難所の解説には十分な時間の配分

すべてのステップや手順を同じような時間配分で解説するのではなく，ステップ2の「攻め所と目標の設定」など，課題達成の難所となる部分には十分な時間をかける．

③ 基本手順と実際の活動

まず基本手順を正しく理解することを強調する．そのうえで，実際の活動では一部の手順が省略されたり，手順が前後することもあり得るなど，形式にとらわれないでねらいに向って手順を使いこなすことの大切さを，具体的な例をあげて説明する．

2.3.2 導入ゲーム

研修会の大部分の時間は，受講者がグループ別に分かれてGDで進める紙飛行機ゲームに費やされるが，グループメンバーの顔合わせと受講者の緊張感をほぐすため，はじめに主任講師（または導入ゲーム担当者）が担当して導入ゲームを行うとよい．

〈導入ゲームの例〉

① ジグソーパズル
- 全グループに同じジグソーパズルを与え，制限時間内でのグループ間の完成度合いを競わせる．
- 同じパズルを2回行わせる．1回目と2回目の間に作戦タイムを設け，1回目の反省を2回目に生かせるように，グループで工夫させる．
- 単純なゲームであるだけに，メンバーの参加意欲を引き出しやすく，個性が見分けやすい．

② ミル・ウォーリー
- 多くの情報の中から目的に合った情報を選択し，結論と結論にいたる時間をグループ間で競わせる．
- メンバー間の一体感を醸成するだけでなく，多くの情報から必要な情報を選択することの大切さ，自分しか持っていない情報でグループの目的のために必要なものを提供することの大切さを体得させる．

（今泉益正監修：『QCサークルのための研修ゲーム入門』，日科技連出版社，p.53 参照）

導入ゲームは受講者が初対面の場合に実施するが，社内や事業所内のように互いに顔見知りのときは実施する必要はない．

《ポイント》
★ GD講師に，担当するグループの傍で，メンバーが導入ゲームを行う様子を観察させる（この段階ではまだ受講者にGD講師は紹介されていない）．GD講師に，担当グループのメンバーを理解させるために行うものである．
★ 導入ゲームの成果により，お茶菓子などの賞品を渡すと盛り上がる．

2.3.3 研修ゲーム（GD）

（1）GDの説明

研修ゲームに先立ち，次の諸点を説明する．

① GDのねらいと実施上の留意点（「別冊」表1.7：p.11参照）
② GD全体の流れと実施事項および時間配分（「別冊」表1.8：p.12参照）

③ GDに取り組む構え
- 「なぜ飛ばないのか」ではなく「どうしたらよく飛ぶのか」という課題達成の考え方の徹底.
- 事実（データ）に基づいて行動すべきことの確認.
- 課題達成手順を正しく理解し，実践すれば必ず成果に結びつくことの説明と激励，など.

④ GD講師による指導

　　各グループに専任のGD講師がつき，GDが効果的に進むように方向付けする．ただし，GD講師側から積極的に発言するのは，研修ゲームの課題やルールの説明，グループが間違った方向に進んで多くの時間を浪費しそうなときの方向修正指示などで，基本的にはグループが自主的に運営する．ただメンバーが迷ったりわからなくなったりしたときは，GD講師を有効に活用するとよい．

⑤ GD結果発表会の実施（全グループ発表）

⑥ 成績優秀グループの表彰の実施

（2）GD講師の紹介

受講者に担当講師を，担当グループ別に紹介する．

（3）GDの実施

研修ゲームは，各グループを担当するGD講師の指導で進め，主任講師は各グループの進捗状況を把握し，必要があれば全体スケジュールの調整を行う．

① 各グループの進捗管理はGD講師に任せる

　　グループによって進み具合や検討内容，出されるアイデアなどは異なるので，進め方はGD講師と受講者に任せる．主任講師はグループごとの進捗状況が気になるかもしれないが，この研修はグループで判断し，自分たちで意見をまとめながら進めることが最も大切である．多少の遅れはGD講師の指導で受講者が自分たちでリカバリーすることが必要で，任せておいたほうがよい結果が得られる．

② GD講師へのアドバイスは控室で行う

　　アドバイスが必要なときやGD講師より助言を求められたときは，受講者から離れた場所か控室で行う．

③ 作戦タイム

　　GDの途中でGD講師全員を集め，各グループの進捗状況やGDの状況の情報交換を行う作戦タイムを取るとよい．GD講師は，このとき主任講師やほかのGD講師にアドバイスを求めたり，ほかのグループの状況を参考にすることができる．

　　作戦タイムは，2日間研修の場合は1日目の終わりの時間にするなど，区切りのよい時間帯にあらかじめ決めておくのがよい．しかし，主任講師の判断でGD途中でも必要に応じて取ることはあり得る．

（4）GD結果発表

研修会の規模が大きいときは，GD結果発表はいくつかの会場で同時に進められる．主任講師は各会場を回って発表を聞き，「GDのまとめ」のときの参考にする．受講者の"一人一言"から，受講者が学び取ったことや，それらを持ち帰ってどのように活かそうとしているかを汲み取るとよい．

2.3.4　研修まとめ

（1）GDへのコメント

GDの成果や問題点を総合的に説明する．
- GD全体や発表会を通じて受講者の理解度を振り返るとともに，さらに工夫して今後の活動に活かして欲しいことなどを解説する．
- 成績や結果のグループ間の差について，研修過程の観察を含めて解説する．目標を達成できなか

ったグループに対しても，今後の指針を与えるような話し方をする．
- ユニークなアイデアや新しい試みに挑戦したグループの紹介や，GDを観察して感じたことの感想を述べる．

（2）表彰

　GDの結果をグループ別に発表し，よい成績だったグループや個人を表彰する．表彰は，紙飛行機の成績だけでなく，ストーリーがしっかりしているグループやアイデアが優れたグループなども対象にするとよい．記念品は実施責任者から渡してもらう．

（3）研修会全体のまとめ

　研修会全体をまとめてコメントする．講義の内容が理解されGDの成果に結びついたかどうか，観察結果を話し，必要なら補足説明を加える．

　受講者への激励とGD講師へのねぎらいの言葉で締めくくる．

2.4 事後まとめ

（1）受講者のフォロー

　事務局が回収した受講者アンケートを分析し，主任講師としての評価・反省を行い，実施責任者と事務局へ報告する．

（2）主催者のフォロー

　主任講師，GD講師，事務局がそれぞれの立場から研修会全般にわたって，よかった点，反省点を出し合い，受講者のアンケート結果と合わせて，次回以降の研修会のために必要な修正事項などをまとめる．

資料 2.1　GD 講師指導ポイントの例

課題達成研修会での GD 講師の行動と留意点

　課題達成研修会では受講者受け入れの準備と後かたづけ，本番での講師という 2 つの立場，役割を果たしていただきます．準備で担当する役割と時刻，GD での該当会場をよく覚えてください．

　研修会本番では，あくまでも受講者の自主性を引き出すよう "付かず・離れず" の立場で，研修会終了時，受講者が「自信がついた」，「職場のみんなに説明できそうだ」などの言葉が出てくるように誘導してください．

[第 1 日目]
1. 受付
   - 担当グループの受講者の出欠（氏名）確認，資料（受講者の自己紹介資料など）の回収，名札・グループ名簿などを配付する．
2. 休憩・飲食・移動
   - 会場や設置場所，飲食の場所を案内する．
3. GD 講師の紹介
   - 「研修ゲームの説明」の最後で，主任講師より担当する GD 講師の紹介があるので，会場内で待機する．
4. GD
   - 必要器材を確認する（文房具類，用紙・記録紙などのゲーム資材，グループメンバーの自己紹介資料などの資料コピー人数分）．
   - メンバーの集まり具合を見ながら適宜開始する．
   - 自己紹介（和やかに，スピーディーに．GD 講師自身の紹介を忘れずに）．
   - 研修ゲームの進め方の説明（ゲームの「課題」も忘れずに）．
   - グループメンバーに役割を分担させる（全員が何らかの役割を分担するようにする．持ち帰り資料の作成もあるので，その作成担当も忘れずに）．
   - 休憩は進行に応じて適宜とる．
   　※詳細は「別冊」の第 3 章「GD 講師マニュアル」（p.28）を参照．
5. 初日終了時の講師打合せ
   - 講師控室で第 1 日目を終えての反省，2 日目に向けての方向付けの打合せを行う．

[第 2 日目]
1. GD
   - 第 1 日目に準ずる．飛行場が混み合ってきたら交通整理をする．
2. まとめと発表準備
   - まとめ（発表資料，持ち帰り資料など）は時刻厳守．初めから時刻管理を意識させる．
   - まとめ方は独創性を大歓迎．自職場で応用できる内容かどうかを吟味させる．まとめることが目的ではない．
   - 研修会での教訓，感想などをグループ全体と個人でまとめる．発表時 "一人一言" があることを説明する．
3. GD 結果の発表
   - 会場のレイアウトなどは事前にチェックしておく．
   - GD 講師リーダー（GD 講師 3 人のうち 1 人をリーダーとする）を中心に進行する．時間割は

下記の通り.
　　［1Gあたり］発表：10分，質疑：6分，一人一言：4分，GD講師講評：4分，入替え：1分，
　　　　　　　　合計25分
　　［全体］25分／G×3G＝75分，GD講師リーダー総評：5分，合計80分
 4．閉会
　　● 全員メイン会場に集合させる.
 5．解散
　　● 受講者を見送る．特に，担当グループのメンバーには一声ねぎらいと激励の言葉をかける．

第3章　GD講師マニュアル

3.1　GD講師の心構えと役割

3.1.1　GD講師の心構え

　GD講師は，研修ゲームの中で受講者が興味を持って課題達成を正確に習得するのを手助けする役割を担う．受講者は研修ゲームで最も多くの時間を費やし，最も多くのことを習得するので，ここでの成否が研修会全体の成果と達成感を左右するといっても過言ではない．したがって，GD講師は自信と責任を持って指導することが大切である．

　GDは通常4～8名の受講者でグループを編成して行うが，受講者の持っている知識や経験は一人ひとり違うし性格も異なるので，GD講師は受講者をグループの平均で判断するのではなく，一人ひとりのレベルと個性を見抜き，グループメンバーの全員がレベルアップするよう心がけることが必要である．

　以下に，GD講師がグループメンバーとかかわり合うときの心構えを列挙する．

（1）ゲームの面白さと研修目的のバランス

　研修ゲームは，紙飛行機を開発して飛ばすという面白さの中で，課題達成の考え方や手順を習得するプログラムであり，「紙飛行機の面白さ」と「課題達成の習得」のバランスをとることが重要である．紙飛行機の面白さに熱中しすぎると，研修目的である課題達成の習得を忘れることがある．また，課題達成の習得に重きを置きすぎると，受講者は退屈し，不十分な体験学習になりがちである．受講者の自主性を尊重する必要はあるが，両者のバランスが大きくくずれるようなら，受講者と話し合って方向を修正する．そのため，全員でステップの節目で「まとめ」を行い，次に何をするのかを確認しながら研修ゲームを進めるのがよい．

（2）主役は受講者

　GDで進める研修会の主役は受講者である．GD講師は受講者に必要な手助けをするような気持ちで接する．受講者一人ひとりが自分の考えやアイデアを率直に話し，グループとしての総意が成果につながるように，受講者自らが主役になって自主的に進められるように支援することが大切である．

（3）付かず・離れず

　GD講師の基本的スタンスは「付かず・離れず」である．「付かず」とは受講者の自主性を尊重することであり，「離れず」とはGD講師が主導することである．本当にグループから離れて受講者を放置して混乱させたり，頻繁に割り込んで受講者の自主性を失わせることのないよう心がけることが必要である．

（4）GDは役割分担

　研修ゲームは実際の仕事と同じように役割を分担して進める．GDの中ではいろいろな局面が次から次へと出てくるが，受講者がその役割に応じてどこかでグループの主役になり，ほかのメンバーが協力する体制をとるような気配りをする．

　一方，役割分担だからといって書記を受け持った人が最初から最後までひたすら書くことに専念していたり，リーダーを受け持った人が重荷になっているように見受けられたときなどは，入れ替わるよう助言することも必要である．また，職場で経験したことのない役割にチャレンジさせることも大切で，今まで引っ込み思案だといわれていた人が，研修会でリーダーを体験してから，職場で人が変わったように積極性が出てきたという例もある．

（5）進捗状況の確認

　研修ゲームに割り当てられている時間内で，すべてのステップと手順を研修する必要がある．研修

ゲームの時間配分に気を配りながら指導するが，あまり遅れると最後のステップまで進めなくなるため，少し早めに進めて，あいまいな部分の再検討や振り返りができるようメンバーと話し合いながら進めることが大切である．

3.1.2　GD 講師の役割

GD 講師は，事前に GD 講師勉強会に参加して GD 講師としての指導ポイントを体得すること，事後に研修会全般について反省点や改善点を提起し，次回以降の研修会の参考に供することなどの役割も担っているが，これらは他章でも説明しているので，ここでは研修会当日の役割に絞って説明する．**表 3.1** に，研修会当日の GD 講師の役割を示す．

表 3.1　研修会当日の GD 講師の役割

No.	構成要素	参加度合	役割
1	開会・オリエンテーション	△	・列席して傍聴する
2	講義	△	・課題達成の基礎および手順の講義を聴講する
3	導入ゲーム	○	・担当するグループの近くでグループメンバーを観察する
4	GD の説明	△	・GD の進め方や留意点の解説を聴講する ・主任講師より受講者に対し紹介を受ける
5	GD に入る準備	◎	・担当グループで自己紹介し，役割分担を決める
6	GD	◎	・担当グループに対し GD の実施を指導する
7	GD 結果の発表	◎	・発表の司会と担当グループの講評を行う
8	GD のまとめ	△	・GD の成果や問題点の解説を聴講する
9	研修会のまとめ	△	・研修会の成果や問題点の解説を聴講する
10	閉会	△	・列席して傍聴する

（注）参加度合　◎：主体的参加，○：共同参加，△：補助的参加

3.2　研修ゲーム（GD）の指導

3.2.1　導入ゲーム

導入ゲームは，長時間にわたって共同作業を行うグループメンバー同士の相互理解を促進するために行うものである．グループ間競争ができるゲームの実施を通じて，初対面同士がいち早く仲間として溶け合うことをねらいとしている．ここでメンバー間にコミュニケーションが芽生えると，「GD に入る準備」の自己紹介へスムーズにつながる．

この段階では，まだ受講者に対して GD 講師の紹介が行われていないが，GD 講師は自分が担当するグループの近くにいて，受講者個々の発言や態度・行動を観察し，スムーズな GD 運営の参考にするのがよい．

3.2.2　GD の説明

主任講師が GD の進め方について説明するので，これを聴講する．説明の最後に，主任講師から受

講者に対して GD 講師の紹介が行われる．

3.2.3　GD に入る準備

　各グループに分かれてグループ討議室で GD をはじめる．受講者同士はまだ十分にコミュニケーションがとれない状態にあるので，雰囲気を和らげながら GD 講師主導で下記の 4 項目を進める．

（1）自己紹介

　GD 講師を含め全員が自己紹介する．受講者に依頼した自己紹介資料と参加者名簿を手元に置いて行うと，名前と顔が一致しやすい．

（2）役割分担

　研修ゲームを進めるうえでの役割分担を決める．役割としては，リーダー，サブリーダー，書記，発表者，タイムキーパー，庶務係などがあるが，全員で分担するようにする．ただし，GD 結果の発表者はこの段階で決めないほうがよい．GD を進めていく中で適任者が見つかることも多いので，2 日目の朝になって決めるのがよい．途中で役割を交替することもあり得ることをあらかじめ伝えておくとよい．

　役割の決め方としては，メンバーの自発的意見で決まるのが望ましいが，他薦・抽選などでも構わない．ただし，会社の職制の上下に従うのは避けるべきである．どうしても決まりそうもないときは，GD 講師から依頼するのもしかたのないことである．

（3）研修のコンセンサス

　2 日間の長時間にわたって GD を共にするのだから，研修を進めるうえでのグループとしてのルールを決め，全員のコンセンサスを得ておくとよい．例えば「全員が発言する」，「人の話をよく聞く」などである．また，グループ名を決めるのもチームワークづくりに役立つ．

（4）GD のための器材の確認

　討議をはじめる前に，事務局が事前に用意した GD のための器材をグループメンバー全員で確認し，万一不足があれば事務局に補充を依頼する．

3.2.4　GD による研修ゲーム

（1）課題の理解と共有化

　「与えられた課題」と「ゲームのルール」をメンバー全員に十分に理解させる．そのためにはメンバー全員が数行ずつ読み上げるのもよい方法である．不明点や疑問点がないかを確認し，あれば GD 講師はきちんと説明する．「与えられた課題」に記されていない事がらについてはゲームの進行に全く影響しないが，もしグループで与えた情報やデータ以外にデータがあったほうがよいと考えるなら，グループで自由に作成することは構わない．

　ローカルルールを設定してあるときは，GD 講師が補足説明する．

　ゲームで使用するワークシートの使い方を徹底する．「データ記録表」は紙飛行機を作ってデータをとるたびに自由に使用させる．「成功シナリオデータ集計表」は最終改善案の測定結果を記録するときに使用するが，最初の「現状レベルの把握」のときもこの様式で記録しておくと，成功シナリオと比較しやすいという利点がある．

（2）ステップごとの実施事項

　ステップごとに実施すべき事項については，「本冊」第 II 部に詳しく記してあるので参考にするとよい．ただし，「本冊」第 II 部では受講者の立場で記してあるので，GD 講師の立場で読み替えてみることが必要である．全ステップについて読み替え，GD 講師として何をすべきかをステップごとに整理すると，GD 講師としての指導ポイントが明確になってくるので，是非とも実施してもらいたい作業である．

　ここでは，課題達成のステップと手順を追いながら GD を進めていくが，大切なのはグループメン

バーの主体性を尊重し，GD講師は"付かず・離れず"の立場を守ることである．討議の方向が誤っていたり，一部の検討に長時間を要して全ステップの検討が終了できない懸念がある場合には適宜指導するのは当然である．

ただし，「ステップ1」については，答えが明確であることとGDに早く慣れさせるために，GD講師の主導で進めるのがよい．これは，「ステップ2」以降でグループリーダーがリーダーシップを発揮しやすいように，GD講師がお手本のやり方を示すことにもなる．

なお，「ステップ1」の実施手順③「手順の選択」では，「手順確認チャート」を使って「よく飛ぶ紙飛行機の開発」が課題達成手順に適したテーマであることを確認させる．その際，4つの適用分野のうち，いずれに該当するかをチェックするが，その検討時，メンバーに下記のポイントを提示するとよい．

＜該当する適用分野の検討＞
① 「新規業務」：紙飛行機を「一度も飛ばした経験のない人」はいるか？
② 「課題の先取り」：紙飛行機に対し「新しい規制やルール」は出るか？
③ 「魅力的品質」：課題で求められているレベルの紙飛行機は「今まで世の中になかった」か？
④ 「現状打破」：10 m，4秒飛ぶ紙飛行機が「簡単」に折れるか？

（3）まとめと発表準備

紙飛行機開発のプロセス，成果，反省点などを1つのストーリーにまとめる．このとき，GD講師は次の諸点を指導する．

① GD結果発表会のやり方を確認して（発表方法は模造紙か，OHPか）それに合わせる．
② GD結果発表会までの残り時間によって，納期（時間）に遅れないようにメンバー全員で手分けして作業する．
③ 課題達成手順に従ってワークシートを活用してまとめ，わかりやすい話にする．
④ すでに決めてある発表者の意見を取り入れ，発表者が発表しやすい資料にする．
⑤ 発表資料が完成したら発表リハーサルを行い，よりよい発表となるように修正する．
⑥ 発表後メンバー全員が"一人一言"を述べるので，その内容をまとめておく．

グループメンバーが自分たちのレポート（持ち帰り資料）としてGD結果のまとめが必要なときは，それも作成する．OHP発表の場合はその資料を必要部数複写すればよいが，模造紙発表の場合は別にレポート用のまとめ資料を作成しなければならない．これは最初から決まっていることなので，GD講師・受講者ともにあらかじめ予定しておくべきである．

3.2.5 GD結果の発表と講評

（1）発表方法

研修ゲームが終了したら，全グループに発表してもらう．研修会の規模が小さく（数グループ），全グループが同一の部屋で発表できる場合以外は，いくつかの部屋に分かれて発表する．この場合，3グループ程度を1つにまとめるとよい．

発表は次の手順で行う．

① 発表

GDで作成した資料で経過と結果を発表する．役割分担に従い，グループで決めた発表担当が発表する．なお，発表の中で「ステップ1」だけはどのグループも基本的に類似の内容になるので，最初に発表するグループだけにして，以降のグループでは省略してもよい．

② 質疑応答

他グループが質疑する．質問への回答は発表担当者に限定せず，グループメンバーの誰が答えてもよい．

③ "一人一言"発表

グループメンバー全員が"一人一言"を述べる（1人30秒程度）．研修で学んだことやそれをどう活かそうとしているかなど，感想と決意を話す．

④ 講評

グループ担当GD講師が講評をする．研修ゲームを通じて感じた「よかったところ」や「気になったところ」を講評する．

発表会の時間を1グループ25分程度としたときの時間配分の一例を，表3.2に示す．

表3.2 発表の時間配分（例）

項　目	時間配分（分）	内　容
発　表	10	グループ代表が発表する
質疑応答	6	他グループから質問する
一人一言	4	1人30秒程度で全員が感想・抱負を述べる
講　評	4	担当GD講師が講評する

（2）GD講師の役割

① 発表会の司会

同一会場に複数のGD講師がいるので，話し合いで司会者を決める．

② 講評

担当グループの発表後，講評を行う．

③ 総評

GD講師リーダー（GD講師3人のうちの1人）が，3グループを通しての感想やアドバイスなどを5分程度話す．

《ポイント》

★元気の出る講評を
- 研修内容そのものだけでなく，メンバーの協力度合い，途中でのエピソード，独創的だったところ，壁を乗り越えたときの様子なども織り込んでグループの努力を紹介する．

★メンバーの"一人一言"を活かす
- 自分を出しきれなかったメンバーをフォローし，研修で得た知識と貴重な体験を今後に活かす決意を支援するコメントを行う．

参考資料　課題達成研修会講師選任基準

　課題達成研修会講師の資格を画一的に定めることはかなりむずかしい．備えるべき諸要件，そのレベルの深度などを決めるのは当然として，そのほかに経験の有無・程度もたいへん重要だからである．
　QCサークル神奈川地区ではまだ資格を制定していないが，次の2段階を踏んで講師を選任しているので参考として提供する．
(1)「自己診断チェックリスト」（表1：p.34）を活用し，各自で普段からレベルアップを心がける．
(2) 神奈川地区が主催する各種の研修会などで経験を積む．

1．自己診断チェックリスト

　課題達成研修会の企画・運営・実施に携わる主任講師，GD講師は，表1に示す53項目の質問に対して，自分が該当するかどうかチェックしてみる．自分のレベルをよく知って講師を担当することは大切であるし，今後の自らの努力目標として挑戦する目安にもなる．ただし，このチェックリストは，いくつ以上該当しないと資格がないという性質のものではなく，多ければ多いほど研修会がうまくいくだろうという程度に軽く考えていただければよい．

2．神奈川地区における講師選任方法

　神奈川地区が主催する課題達成研修会の講師は，表2に示す経験の有無・程度を見て選任している．

表2　神奈川地区課題達成研修会の講師が備えるべき経験

No.	項　目	内　容	講師が備えるべき経験
1	実践指導経験	社内外で課題達成の実践的指導経験	↑ GD講師 ／ ↑ 主任講師
2	審査経験	地区主催発表大会で課題達成事例の審査担当	
3	講評経験	地区主催発表大会で課題達成事例の講評担当	
4	研修会受講	地区主催課題達成研修会に受講者として参加	
5	勉強会受講	地区主催課題達成勉強会（幹事対象）受講	
6	GD講師勉強会受講	地区主催課題達成GD講師勉強会受講	↓
7	GD講師経験	地区主催課題達成研修会GD講師担当	
8	PDパネラー経験	地区主催課題達成パネル討論会でパネラー担当	
9	勉強会講師経験	地区主催課題達成勉強会で講師担当	↓
10	主任講師経験	地区主催課題達成研修会で主任講師担当	

各企業で主任講師やGD講師を養成する場合，表1，2を参考にしていただきたい．自社で経験できないものについては，QCサークル本部，支部，地区主催の催物を利用されるとよい．自社内で多数の講師を同時に養成する場合も同様に本部，支部，地区に相談されるとよい．

表1 自己診断チェックリスト

A	**研修会の経験は？**		28	紙飛行機ゲームを企画・運営したことがある	
1	人に教えることが好きである		29	紙飛行機ゲームのGD講師をしたことがある	
2	社員教育を企画・運営したことがある		30	紙飛行機ゲームの主任講師をしたことがある	
3	社員教育の講師を担当したことがある		**E**	**事務技能は？**	
4	社外での教育を企画・運営したことがある		31	ワープロを使いこなせる	
5	社外での教育の講師を担当したことがある		32	パソコンを使いこなせる	
6	後輩・部下の指導をしたことがある		33	インターネットを使いこなせる	
B	**小集団活動の経験は？**		34	講義用OHPシートは自分で準備する	
7	小集団活動を実践したことがある		35	講義の内容は自分で組み立てる	
8	小集団活動のリーダーを務めたことがある		**F**	**講義の経験は？**	
9	小集団活動を指導したことがある		36	講義するのが好きである	
10	小集団活動の推進役を担当したことがある		37	話が上手といわれたことがある	
C	**品質管理と手法の知識は？**		38	講義中に聴講者を笑わせる自信がある	
11	品質管理を実践したことがある		39	講義中に聴講者を眠らせない自信がある	
12	品質管理を教育したことがある		40	講義時間を守る自信がある	
13	品質管理推進業務を担当したことがある		**G**	**リーダーの経験は？**	
14	Q7手法が使える(QC七つ道具)		41	レクリエーションの指導をしたことがある	
15	N7手法が使る(新QC七つ道具)		42	子供会の指導をしたことがある	
16	S7手法が使える(SQC 七つ道具)		43	団体スポーツの監督をしたことがある	
17	I7手法が使える(IE七つ道具)		44	結婚披露宴の司会をしたことがある	
18	H7手法が使える(発想法七つ道具)		45	会議の議長を務めたことがある	
19	P7手法が使える(商品企画七つ道具)		46	GDの指導をしたことがある	
20	K7手法が使える(課題達成七つ道具)		47	町内会，自治会の役員をしたことがある	
D	**課題達成の知識と実践は？**		**H**	**性格，その他は？**	
21	課題達成を実践したことがある		48	性格は明るい	
22	課題達成を指導したことがある		49	考え方はプラス思考である	
23	問題解決と課題達成の違いを説明できる		50	面倒見はよい方である	
24	問題解決と課題達成の違いを指導できる		51	熱意では人に負けない	
25	問題解決と課題達成の違いを講義できる		52	本をよく読む	
26	『課題達成実践マニュアル』を熟読した		53	雑学は得意である	
27	紙飛行機ゲームを体験したことがある				

課題達成研修マニュアル 別冊